ET SI NOUS ?

FRANÇOIS TADDEI
avec Emmanuel Davidenkoff

ET SI NOUS ?

Comment relever ensemble les défis du XXIe siècle

CALMANN LÉVY

COUVERTURE
Maquette : Olo.édition
Illustrations : d'après © hobbit/Shutterstock

ISBN : 978-2-7021-8366-3

INVITATION AUX LECTEURS

Merci d'avoir ouvert cet ouvrage qui est une invitation à faire ensemble des choses que nous ne saurions faire seuls, en créant des collectifs, en partageant les mêmes aspirations.

À la fin de ce chapitre, comme en quatrième de couverture, vous pourrez flasher un QR code (comme ceux que nous avons appris à scanner pendant la pandémie) ou entrer manuellement une adresse Internet pour rejoindre la communauté « Et si nous ». Cette plateforme, pensée comme un lieu de rencontre et d'échange, a pour objectif de vous permettre de poursuivre la réflexion et de découvrir des ressources complémentaires (des lectures, des podcasts, des vidéos, etc.), voire en partager ou participer activement à la communauté « Et si nous », pour relever, ensemble, les défis de notre époque.

Vous pourrez également y partager vos propres #EtSiNous en complétant cette phrase qui évoque des choses différentes pour beaucoup d'entre nous. Si vous preniez le temps d'y réfléchir, je serais d'ailleurs ravi de connaître ce que vous aimeriez mettre derrière ces trois mots, cette invitation « Et si nous », avant même la lecture de cet ouvrage. Et pourquoi pas renouveler l'expérience d'ici à la fin de ce livre. Si vos réponses évoluaient, je serais heureux de connaître le résultat de vos réflexions comme j'essaie de vous partager les miennes dans ce modeste écrit qui gagnerait sûrement, sur ce site Internet ou dans d'éventuelles éditions ultérieures, à se nourrir de vos contributions à l'intelligence collective.

Rejoignez la communauté Et si nous

http://etsinous.learningplanetinstitute.org/

#NotTheOnlyOnes
« *You may say I'm a dreamer*
But I'm not the only one »

(« Vous dites que je suis un rêveur
Mais je ne suis pas le seul »)
John LENNON, *Imagine.*

« *Never doubt that a small group of thoughtful,*
committed citizens can change the world.
Indeed, it is the only thing that ever has. »

(« Ne doutez jamais qu'un petit groupe
de citoyens éclairés et motivés puisse changer
le monde. C'est la seule chose qui l'a jamais fait. »)
Citation généralement attribuée à Margaret Mead,
même si c'est contesté car la référence originale
n'a pas été identifiée.

« Fais de ta vie un rêve, et d'un rêve, une réalité. »

Pierre CURIE, alors âgé de 22 ans,
dans son journal intime en date du 4 janvier 1881 (notez que
cette citation est souvent attribuée
par erreur à Antoine de Saint-Exupéry).

INTRODUCTION

Lorsque les bactéries sont soumises à un stress important, plusieurs réactions peuvent s'observer : certaines migrent, d'autres mutent, d'autres encore modifient leur environnement. Ce sont, en quelque sorte, les réflexes naturels des organismes vivants, ce qu'ils font spontanément face aux agressions.

Nous l'avons vérifié au printemps 2020, lorsque la Covid-19 s'est propagée dans le monde entier. Celles et ceux qui le pouvaient se sont ménagé les conditions de confinement les plus confortables possible, notamment en quittant les villes, leur logement exigu, leur promiscuité obligée. Simultanément nous nous sommes adaptés, de manière rapide et assez exceptionnelle. Pour maintenir nos activités collectives et continuer à nous alimenter, à nous soigner, à nous cultiver, à échanger avec nos proches, à nous éduquer… Pour atténuer le choc de la pandémie sur la vie économique, bien des États et organisations internationales ont, du jour au lendemain, renoncé à leurs dogmes budgétaires pour soutenir activités et individus. Nous avons aussi développé en quelques mois des vaccins efficaces afin de permettre à nos organismes de s'adapter et de résister aux effets de la Covid. Enfin nous avons, dans une certaine mesure, changé nos environnements afin de les rendre plus sains, moins propices à la circulation du virus.

Malheureusement, nous avons aussi vérifié les terribles fragilités de nos modes de vie, de nos modèles de consommation et d'organisation politique. Dans le monde entier, les inégalités face au virus ont décalqué et amplifié les injustices, et mis en lumière les impasses d'un modèle de développement qui consiste à produire toujours plus et à épuiser les ressources naturelles. Recul de la biodiversité lié à l'agriculture intensive et à l'urbanisation non maîtrisée. Effets délétères de la déforestation – multiplication des zoonoses, acidification des océans… Partout, les plus pauvres ont été les premières victimes de la pandémie. Il est toujours plus clair qu'il en sera de même avec la crise climatique qui ne fait que commencer et n'épargnera personne. Elle frappera elle aussi en particulier les plus vulnérables, dont les enfants qui vivent dans les régions les plus pauvres, les métropoles les plus polluées. Ceux-là mêmes dont les parents ont le moins contribué à l'émission de gaz à effet de serre en subiront le plus les conséquences, comme le montre le rapport de l'Unicef sur l'impact du changement climatique sur la santé des enfants[1]. Ce rapport, qui s'appuie sur celui du GIEC, donne la parole aux jeunes les plus engagés sur ces sujets qui, comme Greta Thunberg, demandent à juste titre que leur avenir soit préservé. La COP 26 s'est achevée à Glasgow sur un vingt-sixième échec. Trop peu, trop tard, une fois de plus. Ce sont les jeunes, partagés entre la colère et l'espoir, que l'on a, cette année, le plus vus. Pour Greta, ce sommet n'est qu'un blablabla de plus, un « festival de *green washing* des pays du Nord ». Le dérèglement climatique, les menaces qui pèsent sur la biodiversité, mais aussi les résistances à l'égalité entre les femmes et les hommes, la persistance des discriminations raciales et sexuelles, les violences subies par les plus vulnérables... Toujours plus d'adultes, d'adolescents et d'enfants, sur l'ensemble de la planète, estiment que les gouvernements n'en font pas assez pour combattre ces fléaux et préparer un avenir souhaitable. Mais comment faire globalement entendre les voix des plus jeunes alors qu'ils n'ont pas de droit de vote et que nous n'avons pas d'instance démocratique planétaire ?

Et si nous étions capables de les entendre ? Et si nous faisions des jeunes les premiers citoyens de la planète ?

Ces crises sont identifiées et dénoncées de longue date, et des millions de personnes sont déjà passées à l'action pour les combattre. Non sans certains succès, mais alors que les politiques agissent au mieux trop tard et trop lentement, c'est bien insuffisant tant à l'échelle de la vie humaine qu'à celle de l'espérance de vie de la planète telle que nous la connaissons et l'habitons. Comment accélérer les prises de conscience et les prises de décisions qui devraient en découler ?

C'est le sujet de ce livre.

Il propose une série de « Et si nous » qui sont autant d'invitations à penser notre monde qu'à agir.

Permettez-moi de justifier et préciser le choix du « nous ». Vous pouvez avoir l'impression que ce « nous » englobe la communauté éphémère que constituent l'ensemble des lecteurs et l'auteur de ce livre. Plus profondément, ce pronom renvoie à la nature multidimensionnelle de la plupart des questions abordées dans cet ouvrage : presque toutes, sinon toutes, sollicitent des éléments de réponse convergents qui se situent au niveau des individus, des relations interindividuelles, de famille ou de voisinage, locales, régionales, nationales et continentales jusqu'à inclure toute l'humanité.

Nous devons nous engager dans ces démarches sans angélisme, mais avec optimisme : sans angélisme, car il ne peut être question d'ignorer les contradictions et les antagonismes entre les individus, les groupes, les intérêts de court terme de certains et les besoins de tous à long terme. On ne peut donc pas être dupes de ceux qui protestent de leur bonne volonté, et continuent de surexploiter la plus grande part de l'humanité et la planète entière, jusque sous les dernières glaces de l'Arctique. Avec optimisme cependant, car derrière les protestations des inévitables tartuffes se cachent les hommages que le vice rend à la vertu et l'engagement de millions de personnes qui se mobilisent…

Le mot « crise » en chinois contient deux caractères. Le premier dit le danger et nous rappelle qu'il faut nous prémunir contre les risques que nous courons dans ces périodes. Le second est celui des opportunités : et si nous savions faire la liste des opportunités qui s'ouvrent dans cette période de crise ; et si nous savions les saisir pour devenir plus résilients, voire antifragiles[2] ; et si nous savions sortir des crises plus agiles et plus à même de faire face aux crises à venir.

J'ai organisé ces invitations à penser et à agir en trois temps. *Le premier décrit la fin d'un monde.* Dès le début de la crise sanitaire, l'expression « monde d'après » s'est imposée dans les débats, comme pour conjurer ce que nous vivions. « Après », nous serions plus sobres, plus respectueux de nous-mêmes, de la nature, des autres… Ce monde n'adviendra pas, en tout cas pas par magie. Mais nous assistons bien à la fin d'un monde, héritier des Lumières et des révolutions industrielles, qui est caractérisé par des rapports de domination, de compétition, d'exploitation (des êtres humains et de la planète).

Serons-nous capables de *réagir et d'agir collectivement* ? Je le crois, profondément, car il est dans la nature du vivant de coopérer. C'est le thème de la deuxième partie de ce livre, qui prend acte du fait que la distanciation sociale n'a pas eu lieu. Les gestes barrières et l'impossibilité d'être ensemble n'ont fait qu'aiguiser notre besoin d'être reliés aux autres.

La troisième et dernière partie (vous) propose de *penser fractal.* Je reprends ici un terme issu des mathématiques que nous expliciterons plus tard en détail. Il indique qu'il est indispensable de comprendre qu'à toutes les échelles des problématiques similaires se posent, qu'à tous les niveaux nous devons passer d'une logique d'exploitation et de compétition effrénée à une capacité à coopérer pour prendre soin de soi, des autres et de la planète. Penser ainsi suppose donc d'intégrer toutes les échelles, de l'intime au global.

Il nous faudra donc penser fractal, mais aussi agir viral (pour éviter la propagation de choses néfastes mais aussi partager ce qui fonctionne ici et qui, sans l'imposer, peut inspirer d'autres). Partout dans le monde, des initiatives modestes aident à apporter des solutions locales qui contribuent à résoudre des problèmes globaux qui sont souvent des sommes de sujets locaux. Dans bien des domaines, la question est moins de savoir comment faire que comment passer à l'échelle supérieure – comment reproduire à des échelles toujours plus importantes des systèmes qui fonctionnent à des échelles plus réduites.

Depuis le début de la pandémie, en 2020, nul ne l'ignore : nos vies individuelles et collectives sont intriquées. Les notions d'espèce humaine ou de genre humain ne sont plus des abstractions scientifiques ou philosophiques mais des réalités tangibles. Nous sommes tous susceptibles d'être infectés par le même virus et de le transmettre à ceux qui nous entourent. Des milliards d'individus ont vécu et vivent encore, simultanément, une expérience commune qui affecte leur vie quotidienne.

J'observe et vis cette période avec autant d'anxiété que d'espoir.

Anxiété que nous ne comprenions pas assez vite, que cette nouvelle alerte sur notre fragilité ne soit pas entendue ni prise en compte. Peur que les nouveaux obscurantistes ne prennent le dessus. À l'heure où sévissent Trump et ses émules, Bolsonaro ou encore les intégristes comme les talibans ou Boko Haram (littéralement « Le livre interdit »), serons-nous capables de réinventer de nouvelles Lumières plus inclusives et plus respectueuses de l'environnement et des jeunes générations ? Avec Ariel Lindner, avec qui nous avons cofondé le Centre de recherches interdisciplinaires

(CRI), nous avons eu la chance il y a quelques années d'être invités en Finlande par Helga Nowotny (fondatrice du Conseil européen de la recherche) pour un séminaire intitulé « Reinventing the Enlightenment » qui portait justement sur ces sujets. Entouré de scientifiques, d'historiens, d'artistes, de philosophes et de ma famille attirée par ce pays plus qu'accueillant, j'y ai beaucoup appris. J'étais loin d'imaginer qu'un jour je pourrais être amené à approfondir ces questions, non comme un historien que je ne suis pas mais comme un citoyen engagé qui se penche sur notre passé, pour mieux comprendre notre présent et s'interroger sur notre avenir.

Les Lumières ont affronté les formes d'obscurantisme de leur époque et n'ont pas été inventées en un jour ni en un lieu par une personne. Héritier de la Renaissance et de l'imprimerie, c'est un mouvement qui a transcendé les frontières et réuni sur plus d'un siècle des intellectuels et des acteurs engagés, amenant à un progrès des idées, du débat, de la science, de l'éducation, de la philosophie et *in fine* de la démocratie. De nouvelles Lumières n'adviendront pas sans que tous ceux qui y aspirent ne se mobilisent dans la durée pour réinventer des manières de vivre ensemble qui soient plus inclusives, plus équitables et plus respectueuses de notre environnement.

Les néo-obscurantistes attaquent systématiquement l'héritage positif des Lumières, la démocratie, l'éducation, la liberté de parole, les journalistes comme les chercheurs, les femmes comme les personnes issues de minorités qui refusent les discriminations qu'elles ont trop longtemps subies. Ils sacrifient l'intérêt des générations à venir et détruisent l'environnement pour maximiser leur profit à court terme sans se soucier des conséquences. Leurs attaques systématiques devraient nous aider à penser de nouvelles Lumières, une alliance de tous ceux qui ont subi leurs assauts. C'est *de facto* ce qui s'est passé aux États-Unis où le néo-obscurantisme de Trump a permis de fédérer contre lui une vaste alliance progressiste capable de le battre dans les urnes, n'en déplaise à son ego surdimensionné et à ceux qu'il a manipulés.

Espoir que nous puissions faire de même non seulement ici et maintenant mais sur la durée et à l'échelle planétaire. Nombre des chapitres de ce livre tracent quelques pistes de collectifs en gestation qui peuvent permettre de réinventer ce que les Grecs ont, les premiers, forgé à Athènes, ce système qui combine démocratie, éducation, art, philosophie et citoyenneté autour de débats de qualité dans l'agora et des premiers écrits. Cet ensemble, initialement conçu à l'échelle de la cité, fut repris pendant les Lumières à l'échelle de la nation grâce à la technologie de l'information de l'époque qu'était l'imprimerie[3].

Nos défis principaux sont désormais globaux ; ne faudrait-il donc pas réinventer cet héritage des Lumières à l'heure du numérique et des enjeux planétaires ? Alors que ni les femmes, ni les enfants, ni les migrants, ni les esclaves n'étaient considérés comme des citoyens ni à Athènes ni au XVIIIe siècle, il me paraît clair qu'il nous faudra inventer des Lumières à la fois plus inclusives, plus respectueuses de la nature et d'autrui et plus globales. Si nombre d'entre nous se déclarent « citoyens du monde », dans les faits personne ne l'est au sens où les citoyens peuvent être entendus et voter pour influencer les décisions qui les concernent. Puisse le numérique nous permettre de réinventer cet héritage et une citoyenneté fractale (qui fonctionne du local au global en passant par le national) qui soit respectueuse de chacun et préserve l'avenir des prochaines générations.

Il paraît toujours plus clair à toujours plus de gens que nous assistons à la fin d'un monde, d'un modèle de développement économique et politique hérité de la révolution industrielle dont la pérennité est menacée par l'urgence climatique, le recul de la biodiversité et le déploiement incontrôlé d'intelligences artificielles. Contrairement aux espoirs des pionniers de l'informatique, ces dernières sont trop souvent mises au service des intérêts des puissants qui s'y enrichissent voire nous contrôlent et nous manipulent par le biais de publicités toujours plus ciblées nous poussant à une surconsommation délétère pour nous et notre environnement. Si le numérique n'est pas la panacée, il est possible d'inventer de nouveaux usages qui inverseraient le poème de T.S. Eliot :

Où est passée la vie
Que l'on a perdue en la vivant ?
Où est passée la sagesse
Que l'on a perdue dans la connaissance ?
Où est passée la connaissance
Que l'on a perdue dans l'information[4] *?*

Si nous disposons de technologies qui gèrent toujours mieux les données et l'information, nous en manquons pour naviguer dans la connaissance et nous n'en avons pas encore qui nous permettent de progresser sur la voie de la sagesse, de l'éthique et de la vie.

J'ai donc pour espoir que nous nous saisissions de cette occasion pour prendre conscience de l'urgence et passer à l'action, individuellement et collectivement. La bonne nouvelle de la crise sanitaire aura en effet été de nous rappeler à quel point nous sommes des animaux sociaux, à quel point nous avons besoin les uns des autres, tant au plan intime que pour faire fonctionner notre planète globalisée. À quel point il nous a semblé nécessaire de prendre soin les uns des autres et de le faire en partageant équitablement les responsabilités.

Permettez-moi de souligner l'importance de ce besoin de prendre soin (le *care* – l'attention aux autres, la sollicitude) et de le faire de manière équitable (pour que tous puissent en bénéficier, sans exclusivité). D'après Jonathan Haidt qui a comparé de nombreuses cultures d'hier et d'aujourd'hui, ces deux notions, soin et équité (en anglais *care and fair*), sont universelles et au cœur de tous nos systèmes de valeurs, car depuis la nuit des temps nous naissons vulnérables et nous sommes dépendants de notre capacité à coopérer pour survivre[5]. Là où nous différons, c'est sur d'autres notions que le philosophe américain a également étudiées :

- ce que nous sommes libres de faire (qui peut varier très vite, en particulier en période de pandémie où le confinement a imposé une perte immédiate de nombre de nos libertés) ;

- la communauté à laquelle nous appliquons ces valeurs (les nazis pouvaient prendre soin de leurs enfants) ;
- les manières dont nous définissons ce qui fait autorité dans notre communauté (la parole des scientifiques, celle des religieux, des militaires ou de ceux qui sont élus) ;
- ce pour quoi elle considère comme normal de faire des sacrifices (ce qui est sacré pour nous).

Comme Haidt nous y invite, je trouve intéressant de voir que malgré nos différences, nous avons en commun ces valeurs universelles, elles pourraient donc servir de socle à des discussions fertiles. Et si nous discutions de nos valeurs.

Et si nous apprenions à nous en servir pour bâtir un avenir sur notre demeure commune, notre « Terre-Patrie » chère à Edgar Morin. Et si nous étions capables de les appliquer pour prendre soin de nous, des autres et de la planète. Et si nous arrivions à les appliquer à toutes les échelles, de manière fractale. Et si nous considérions que nos communautés familiales, locales, régionales, nationales, continentales, planétaires, ne sont pas exclusives mais, comme des poupées russes, incluses les unes dans les autres, à la fois imbriquées et interdépendantes.

Groucho Marx disait qu'il refuserait de faire partie d'un club qui l'accepterait comme membre. Les marxistes tendance Groucho comprennent que l'on préfère éviter de faire partie de communautés qui se définissent par leur capacité à exclure. Pour le dire avec d'autres mots, on peut assumer voire revendiquer d'être simultanément membre d'une famille et citoyen du monde, parisien, provençal et corse, français et européen, être vivant et poussière d'étoile.

Puisqu'il nous importe à tous de prendre soin et de le faire équitablement au sein de notre communauté, il est donc clé de définir sans exclusive les communautés auxquelles nous appartenons et où nous pourrons prendre soin de chacun de manière équitable. Et si nous étions capables de nous appuyer sur ce besoin d'équité universelle pour lutter à la racine contre nombre d'injustices. Quand on étend progressivement les communautés auxquelles on appartient, on inclut celles et ceux dont on aimerait pouvoir prendre soin et on dénonce toujours plus les inégalités et les injustices. Sans pouvoir être exhaustifs, nombre des chapitres de ce livre contribueront à illustrer ces perspectives tout en tentant de proposer un cadre de réflexion, d'action et de décisions collectives qui puissent nous permettre de penser et d'agir et en tout cas d'espérer.

Comme un fil rouge au long des chapitres, sans occulter les difficultés qui sont les nôtres, ce sont les raisons de cet espoir de nouvelles Lumières toujours plus inclusives et écologiques que je voudrais partager avec vous dans les pages qui viennent. Le faire en commençant chaque chapitre par un « Et si nous » est une manière de souligner qu'ensemble nous avons bien plus de chances d'arriver à avoir un impact sur le cours des choses.

Ce livre n'est bien sûr qu'une ébauche de ces pistes. C'est tout sauf un programme qu'il suffirait d'appliquer. Ce n'est pas non plus un cri de ralliement sous une bannière car trop sont morts pour des drapeaux. C'est tout juste une invitation à dialoguer, à penser, et plus si affinités, afin par exemple d'agir ensemble pour le bien commun. On peut ne pas être convaincu par nombre de ces propositions, mais il me semble illusoire de penser que les défis auxquels nous sommes collectivement confrontés se résoudront sans que des collectifs ne s'organisent pour y faire face.

Et si nous étions capables de faire ensemble des choses que nous ne saurions faire seuls. Pour nous et pour les générations à venir.

PARTIE I

ET SI NOUS SAVIONS LUTTER CONTRE LES INJUSTICES

– 1 –

ET SI NOUS OBSERVIONS LA FIN D'UNE ÉPOQUE

Le « monde d'après ».

Nous sommes au printemps 2020. La pandémie de la Covid-19 n'a encore fait que quelques milliers de victimes, mais la terrible vague qui s'annonce affole la boussole des éditorialistes et autres commentateurs. Face à l'ampleur inédite de la crise qui pointe, l'idée s'impose que plus rien ne sera comme avant.

La suite de l'histoire semble leur donner tort. Le « monde d'après », nous y sommes et, masques et gestes barrières mis à part, il ressemble à s'y méprendre au monde d'avant. Nous n'avons pas, ou pas encore, rompu toutes les amarres avec notre quotidien tel que nous l'avons connu jusqu'en 2019, que ce soit dans notre façon de consommer, de nous déplacer, de nous organiser… Faut-il pour autant abandonner tout espoir de changement, prononcer l'épitaphe du « monde d'après » ? Je ne le crois pas.

Le biologiste que je suis sait que les transitions ne sont pas forcément brutales, et pas seulement dans la nature.

La généralisation de la pilule, la légalisation de l'interruption volontaire de grossesse et le divorce par consentement mutuel n'ont pas recomposé en un instant le rapport à la famille. Mais on sait, près d'un demi-siècle plus tard, ce que la possibilité de choisir d'avoir un enfant et celle de mettre un terme plus aisément à une relation toxique, voire simplement insatisfaisante, ont changé dans la structure familiale de notre société. La peur de l'arme nucléaire n'a pas produit du jour au lendemain un « nouvel ordre » géopolitique mondial ; il s'est structuré sur plusieurs décennies et ses effets persistent. L'apparition du sida n'a pas bouleversé les relations sexuelles du jour au lendemain, mais la majorité de la population mondiale sait aujourd'hui que les rapports non protégés peuvent se révéler létaux. Les répliques des attentats du 11 Septembre se font aujourd'hui encore sentir, aussi bien au Moyen-Orient qu'aux États-Unis (le *Patriot Act* est toujours en vigueur) ou lorsque nous nous rendons dans un aéroport. En somme, pour citer Bill Gates, nous avons tendance à surévaluer l'impact à court terme de certains évènements, et d'en sous-évaluer l'impact à moyen et long termes.

Je forme l'hypothèse que l'irruption de la Covid-19 restera dans les livres d'histoire comme un marqueur important de bouleversements que nous ne faisons qu'entrevoir. Ces derniers sont d'autant plus vrais que nous prenons simultanément conscience des impacts du dérèglement climatique et de l'érosion de la biodiversité. Si la crise Covid nous a montré que des changements rapides sont parfois possibles, les crises environnementales nous incitent à les penser dans la durée.

Une époque s'achève, dont la pandémie surligne et précise toutes les tendances délétères, notamment la surexploitation des ressources naturelles et humaines mais aussi l'accélération des transformations portées par le numérique, qui atteignent toutes deux leurs limites. La première tendance remonte à l'apparition de la sédentarité, à la naissance de l'agriculture et de l'élevage. Elle se joue sur un temps très long. Même si Buffon écrit en 1778, à l'orée de la révolution industrielle, que « la face entière de la Terre porte aujourd'hui l'empreinte de la puissance de l'homme », il faut attendre le tournant du millénaire pour que l'impact massif de cette révolution soit nommé. C'est la naissance de la notion d'« anthropocène », qui décrit « une nouvelle phase géologique dont la révolution industrielle du XIXe siècle serait le déclencheur principal, marquée par la capacité de l'homme à transformer l'ensemble du système terrestre[1] ». D'autres datent la bascule aux années 1950 : la multiplication des explosions nucléaires a diffusé des particules radioactives dans l'atmosphère, et la reconstruction agricole, économique et industrielle de l'après-guerre, modernisation aidant, s'est faite avec une intensité qui a sollicité les ressources naturelles de manière inédite. Le développement de l'informatique puis la numérisation de nos vies donnent un brutal coup d'accélérateur à ces transformations et, dans bien des domaines, décuplent les performances des systèmes qui nous poussent à consommer toujours plus – et, ce faisant, à épuiser toujours plus vite la planète.

La pandémie de Covid-19 est arrivée à un moment où l'humanité se sait plus que vulnérable. L'inquiétude s'exprime notamment à travers des discours catastrophistes ou « collapsologues[2] », des récits qui rendent compte de menaces qui pèsent à tous les niveaux de ce qui fait notre monde.

Il est tentant de lire la pandémie avec ces lunettes. Puisqu'elle se transmet par nos interactions, elle les a toutes remises en question. Elle a touché l'ensemble de nos vies, dans un espace (le monde) et dans une temporalité inédites dans l'histoire (les précédentes épidémies voyageaient moins et plus lentement). Et surtout elle a attaqué frontalement ce qui fait de l'espèce humaine une espèce à part : l'agrégation des êtres sociaux qui savent communiquer et coopérer à une échelle unique dans l'histoire du vivant.

Elle a aussi été une ère de « premières fois » d'une ampleur rare. Première fois depuis l'invention du tourisme que ce dernier s'arrêtait. Première fois depuis la structuration de systèmes éducatifs dans le monde entier qu'un milliard d'enfants ne sont pas allés à l'école pendant plusieurs semaines, plusieurs mois pour certains. Première fois depuis la naissance des entreprises comme lieu principal d'organisation du travail que des centaines de millions de salariés ont simultanément arrêté de travailler ensemble. Première fois que les « premières fois » amoureuses ont été massivement retardées non pour des raisons de consentement ou de timidité. Première fois que nous avons, par milliards, éprouvé ensemble la vulnérabilité de nos libertés, de notre environnement, de nos entreprises, de nos relations… Première fois, surtout, que nous avons dû, sur un temps aussi long, réduire quasiment à néant nos interactions physiques avec autrui, y compris avec nos plus intimes, et y compris lors de rituels qui, d'ordinaire, parviennent à densifier des liens amicaux ou familiaux même lorsque ceux-ci sont distendus le reste du temps (mariages, naissances, enterrements...).

Comment allons-nous raconter tout cela dans les mois, les années à venir ? Allons-nous nous reconnaître dans un récit anxiogène voire nihiliste ? Ou allons-nous réussir à déceler dans ce monde en transformation des indices de changements positifs sur lesquels bâtir l'avenir ? À produire des récits suffisamment crédibles et partagés pour susciter l'adhésion d'une majorité d'individus – socle de ce qui nous relie ? À profiter de l'extraordinaire synchronisation de nos expériences pour favoriser une prise de conscience globale de l'urgence de nous réinventer ?

C'est mon espoir et le sens de ce livre.

*
* *

Il est peut-être né le 18 février 2020, au CRI (le Centre de recherches interdisciplinaires, ce carrefour de rencontres intéressantes, ou « Challenge Research Institute », autant de noms qui reflètent les multiples dimensions de ce lieu), que j'ai co-créé, et qui occupe désormais un superbe bâtiment au cœur du quartier historique du Marais. Je sais que nous allons devoir fermer, pour une durée indéterminée. Je le sais pour deux raisons : je suis biologiste et j'ai appris à calculer une exponentielle. Je ne veux pas que le CRI se mue en « carrefour de rencontres infectieuses ».

Comme tout biologiste, je ne peux ignorer que les virus ont toujours un temps d'avance. Ils savent abuser des organismes qui les hébergent. Trouver les portes dérobées les plus étroites pour s'y glisser. C'est leur histoire. C'est l'histoire même du vivant. Dès le mois de janvier, des collègues chinois m'ont alerté : le voyage que je dois effectuer là-bas est annulé ; les universités ferment, pour longtemps, les cours s'y réorganisent déjà, en ligne. Je parcours les premiers éléments de littérature scientifique, les premiers communiqués de l'Organisation mondiale de la santé (OMS). Je sais que nous n'allons pas y couper. Comme d'autres cassandres, je tente d'alerter au sommet de l'État. Sans succès. On me renvoie aux épisodes du SARS-CoV-1 (un coronavirus, déjà) en 2003 et de la grippe en 2009-2010. Dans les deux cas, le pire avait été annoncé ; il ne s'était pas produit.

Les mathématiques sont pourtant implacables – c'est là qu'interviennent les exponentielles. Comme d'autres, je tente de les expliquer à mes interlocuteurs. J'emploie l'exemple, bien connu, du nénuphar : s'il faut 100 jours à un nénuphar pour recouvrir un étang, il n'en occupera encore que 0,1 % au 90e jour, 3 % au 95e et 50 % au 99e. Le lendemain, l'étang étouffe. D'un coup. Dès lors que le taux de reproduction du virus était supérieur à 1, l'épidémie allait se développer de manière exponentielle.

Comme il n'est pire sourd que celui qui ne veut entendre, je n'ai pas plus de succès que les scientifiques et experts qui, dans le monde entier, tentent de tirer la sonnette d'alarme. Je me souviens encore de la tenue de groupes de travail divers, en février, qui se terminent comme toujours par la fixation de prochaines dates de réunions. Quand j'alerte « vous parlez de réunions qui n'auront probablement pas lieu », on m'adresse des regards interdits.

Comme la plupart des pays qui, jusque-là, avaient été épargnés par les pandémies des dernières décennies, la France n'était pas prête. Pas seulement faute de masques ou de gel hydroalcoolique. Elle n'était intellectuellement pas prête. Systémiquement pas prête. Même si des progrès ont été réalisés, la prise de décision reste trop verticale dans la plupart des organisations, qu'elles soient publiques ou privées. La capacité à innover est également déficiente. Pour la raison qui précède – l'innovation requiert de l'horizontalité, de la délégation, de la confiance… – et en raison du sous-investissement chronique de notre pays dans son secteur recherche et développement, en particulier dans les sphères de l'État et dans des ministères qui historiquement gèrent plus la continuité que la disruption.

En ce 18 février – j'ai retrouvé la trace du fichier originel –, je suis saisi d'une anxiété qui ne me ressemble guère. Depuis quinze ans, nous avons œuvré à créer ce centre de recherches hors norme, né dans une salle café de la faculté de médecine de l'hôpital Necker. Sa réussite est le produit de la coopération de milliers d'intelligences, mais puisque certains de nos partenaires m'ont fait comprendre qu'ils pourraient interrompre leur soutien si je ne dirigeais plus ce lieu, que deviendrait-il si je disparaissais ? J'entreprends de rédiger une sorte de testament non pas privé mais professionnel. Un document référence, « au cas où ». Puis nous mettons tout le monde en ordre de bataille, afin que l'activité puisse se poursuivre à distance. Là encore je n'ai pas grand mérite : il me suffit d'écouter ce que me disent mes collègues de Harvard à Pékin, et d'oublier la léthargie dont je suis témoin en France. Déjà les grandes universités américaines ont annoncé la fermeture des campus jusqu'en septembre. Comme les universités chinoises avant elles, elles se mobilisent pour basculer les cours sous format numérique et, très tôt, comprennent que les dispositifs qu'elles ont déjà mis en place ne résisteront pas sans une profonde refonte devant la montée en puissance qui s'annonce. Adapter ne suffit pas, il faut réinventer, dans l'urgence.

Au moment de fermer le CRI, quelques jours avant l'annonce du premier confinement par Emmanuel Macron, je fais un dernier tour des locaux déserts et je dois avouer que j'ai du mal à penser cette ruche vide. Dans le lieu de créativité et de convivialité qu'occupe régulièrement le collectif qui s'intéresse à la petite enfance, j'avise un tas de doudous. Je les connais bien : ils appartenaient pour la plupart à ma fille qui en a fait don au CRI lorsqu'elle a transformé sa chambre d'enfant en chambre d'étudiante. J'attrape les peluches et les distribue dans tout le bâtiment. Elles seront nos gardiennes. Arrivé sur le toit, je dépose le Pikachu qui avait été offert au Japon à mon fils en 1999. La silhouette de Notre-Dame accroche mon regard, et le souvenir de son incendie, onze mois auparavant, remonte. Comme remonte le souvenir de deux autres édifices, ceux du World Trade Center, que j'avais vus s'effondrer le 11 septembre 2001, quelques heures après avoir atterri à New York. Les souvenirs se mêlent, mon regard se brouille. J'ai l'intuition, profonde, que les jours qui s'annoncent vont faire de terribles dégâts.

Je redescends, seul, au rez-de-chaussée de cet immense bâtiment dont nous ne conserverons ouvert que le Makerlab, où nous allons fabriquer des respirateurs, des compresseurs d'oxygène et des visières de sécurité que nous donnerons à ceux qui sont en première ligne dans des hôpitaux ou dans les Ehpad.

Les mois qui suivent offrent quelques bonnes surprises et bien des déceptions dans les domaines qui sont les miens – la recherche, l'éducation, l'innovation, le numérique, le vivant…

Au chapitre des bonnes surprises, la rapidité avec laquelle des vaccins ont été conçus et mis sur le marché. À celui des déceptions, le refus des équipes de recherche et des laboratoires pharmaceutiques de mettre leurs travaux en « open source », c'est-à-dire d'en autoriser la réplication gratuitement, ce qui aurait fait gagner un temps précieux dans la course contre le virus et aurait pu permettre une plus grande équité dans l'accès au vaccin en particulier dans les pays les plus pauvres. Comment pouvons-nous accepter que des millions de gens ne puissent pas bénéficier au plus vite des progrès de la recherche ? Alors que des milliers de milliards de dollars sont dépensés de par le monde, comment ne pas dédommager les entreprises qui ont découvert ces vaccins pour les rendre accessibles au plus grand nombre ? Cet égoïsme me consterne, en tant qu'être humain qui ne comprend pas qu'on ne fasse pas preuve de générosité dans l'épreuve, mais aussi en tant que biologiste qui sait que le virus mute à travers la planète, et que ne pas protéger tout le monde est la meilleure manière de lui donner l'occasion de prendre des formes nouvelles, d'échapper à nos vaccins et de revenir plus virulent encore. Pis, si nous ne savons pas mettre en œuvre de telles solutions avec la générosité nécessaire, comment espérer faire face collectivement aux enjeux des crises à venir ?

Autre bonne surprise : la vitesse avec laquelle individus et organisations changent leur façon de vivre et de travailler, inventent des ersatz de vie sociale, tout cela en bonne partie grâce au numérique. Autre déception : les fausses nouvelles se déploient elles aussi très vite et il faut de longs mois pour que les géants du numérique assument leurs responsabilités et décident d'en freiner la diffusion. Les « Facebook Files », documents internes du mastodonte californien publiés depuis, nous indiquent ce que beaucoup avaient compris : les géants du numérique placent leurs intérêts financiers avant le bien commun et ce n'est que sous la pression médiatique et politique qu'ils finissent par réagir. Ce ne devrait pas être une surprise puisque le documentaire *The Corporation* maintes fois primé avait expliqué dès 2003 que c'est dans la logique de ces entreprises qui, dans le droit américain, se doivent de maximiser le retour sur investissement pour leurs actionnaires sans se soucier de ce qu'elles considèrent comme des externalités sociales, écologiques ou sociétales, ces effets indirects sur leur environnement… On comprend pourquoi il devient indispensable de réguler les activités de ces géants qui, de surcroît, dans la même logique, ont tout fait pour minimiser les impôts qu'ils paient. Bonne surprise donc de voir que Facebook est depuis invité à rendre des comptes devant le Congrès américain et en Europe, et que les multinationales vont désormais payer un impôt dans les États où elles gagnent de l'argent. Puisse l'équivalent de la loi Pacte, qui invite les entreprises à s'engager pour le bien commun, s'imposer en France comme à l'international si on veut espérer qu'elles contribuent aux évolutions nécessaires.

Bonne surprise encore : les progrès forcés de la « coéducation » ; les parents et les professeurs se parlent davantage ; des enseignants n'hésitent pas à demander de l'aide aux élèves ou aux étudiants sur l'usage d'outils que ces derniers maîtrisent mieux ; chacun semble s'intéresser, bien plus qu'avant, à la façon dont l'autre fonctionne. Souvent invoquée, la notion de « communauté éducative » prend chair. Déception : on découvre que l'Éducation nationale comme l'Enseignement supérieur, qui souffrent d'un sous-investissement en particulier dans le numérique, n'avaient à peu près rien anticipé. Et ce en dépit des promesses de « continuité pédagogique » réitérées à chaque menace épidémique (pour ne prendre qu'un exemple, Gilles de Robien, alors ministre de l'Éducation nationale, avait présenté en 2006 un « plan de lutte contre la pandémie grippale » qui prévoyait déjà tout ce qu'il fallait mettre en œuvre ; il était visiblement tombé aux oubliettes[3]).

*

* *

Sur ces sujets comme sur tant d'autres, la pandémie intensifie des tensions ou des évolutions antérieures. Nous aidera-t-elle à progresser, en tant qu'espèce ? Je veux le croire, au moins dans deux domaines qui touchent d'une part à notre rapport au vivant, d'autre part à notre habitat.

Même si l'origine de la Covid-19 n'est pas définitivement tranchée, il est clair que des coronavirus proches infectent les animaux et en particulier les chauves-souris. Ce ne serait pas la première fois : plus des deux tiers des agents pathogènes chez l'homme sont issus des animaux et c'est même plus de 75 % pour les nouvelles épidémies comme le sida ou Ebola[4]. C'est ce qu'on appelle des zoonoses. La peste nous a été transmise par le rat, la rage par le chien ou le renard, la grippe par les oiseaux, le sida par le singe, Zika par le moustique, Nipah par la chauve-souris (puis le porc). Depuis que nous entretenons porcheries et poulaillers, nous vivons au contact de pathogènes parfois bénins, parfois mortels. La déforestation ou l'urbanisation déséquilibrent de fragiles écosystèmes et nous mettent au contact d'animaux porteurs de virus susceptibles de franchir la barrière des espèces. Même si les bêtes sauvages demeurent à distance des humains, elles peuvent en effet contaminer les animaux d'élevage, voire les animaux domestiques. Le réchauffement climatique a lui aussi un impact direct sur la santé humaine. L'exemple le plus connu est celui des moustiques ou des tiques, qui se sont acclimatés à des zones géographiques jusqu'alors épargnées.

Comprendre, anticiper et, le cas échéant, endiguer et mettre fin aux épidémies implique donc de penser d'un même mouvement les questions de santé humaine, de santé animale et d'environnement. Cette approche a été baptisée « One Health » (« Une seule santé »). Comme l'explique l'Agence nationale de sécurité sanitaire de l'alimentation, de l'environnement et du travail (Anses), elle « incite à prendre en considération tous les facteurs d'émergence des maladies. L'enjeu est d'encourager la collaboration effective des organismes de recherche œuvrant en santé humaine et vétérinaire ainsi qu'en environnement. Le concept est promu par les institutions internationales que sont l'Organisation mondiale de la santé (OMS), l'Organisation mondiale de la santé animale (OIE) et l'Organisation des Nations unies pour l'alimentation et l'agriculture (FAO) ».

On l'a vu de manière désolante dès le début de la crise sanitaire, ce concept reste encore largement théorique : alors qu'ils sont experts des coronavirus et dotés d'équipements qui pouvaient leur permettre de réaliser des tests PCR en grand nombre dès le mois de mars, les vétérinaires ont été proprement ignorés pendant des semaines par le système sanitaire français (erreur que n'ont pas commise nos voisins allemands). L'idée, pourtant, n'est pas neuve. Dès 1880, « s'étonnant d'être à la fois membre de l'Académie nationale de médecine et désormais de la Société centrale de médecine vétérinaire, [Louis Pasteur déclarait] : "La science est une et c'est l'homme seulement qui, en raison de la faiblesse de son intelligence, y établit des catégories[5]." » Ne laissons pas passer cette occasion, à la fois tragique et unique, de changer notre façon de penser les enjeux de santé et d'accélérer la lutte contre la destruction de la biodiversité. Car l'histoire du combat contre les pandémies ne s'arrêtera pas avec la Covid-19. L'Intergovernmental Science-Policy Platform on Biodiversity and Ecosystem Services (IPBES), organisme qui est à la biodiversité ce que le GIEC est au climat, estime qu'entre « 631 000 et 827 000 virus présents dans la nature pourraient infecter les êtres humains », et nous prévient : « Des pandémies futures vont apparaître plus souvent, se propageront plus rapidement, causeront plus de dommages à l'économie mondiale et tueront plus de personnes que la Covid-19, à moins que l'approche globale de la lutte contre les maladies infectieuses ne soit modifiée. »

En effet, comme le rappelle Peter Daszak, président de EcoHealth Alliance, « ce sont les mêmes activités humaines qui sont à l'origine du changement climatique, de la perte de biodiversité et, en raison de leurs impacts sur notre environnement, du risque de pandémie. Les changements dans la manière dont nous utilisons les terres, l'expansion et l'intensification de l'agriculture, ainsi que le commerce, la production et la consommation non durables perturbent la nature et augmentent les contacts entre la faune sauvage, le bétail, les agents pathogènes et les êtres humains. C'est un chemin qui conduit droit aux pandémies. » Selon l'IPBES, « le coût de la prévention et de la réduction des risques de pandémies est cent fois moins élevé que le coût de la réponse à de telles pandémies. » Puissent nos grands argentiers l'entendre.

Un deuxième enseignement majeur concerne nos choix d'habitat.

Selon l'ONU, les deux tiers des êtres humains vivront en ville en 2050 (soit 6,7 milliards d'individus). Ce développement urbain massif repose avant tout sur celui des mégalopoles. Or ces dernières, moteur de la croissance et de la mondialisation, se sont révélées être de véritables colosses aux pieds d'argile lors de la pandémie. Tout ce qui fait leur attractivité et leur puissance s'est retourné contre elles. Tous les citadins l'ont éprouvé de manière tangible. Une ville sans vie sociale ou culturelle perd bien de son attrait et, dès lors, ne compense plus ses inconvénients intrinsèques (coût élevé du logement, donc surfaces moindres qu'ailleurs ; rareté des espaces verts ou des « extérieurs » dans les habitations ; pollution atmosphérique ; nuisances sonores, etc.). Comme l'indique le géographe Michel Lussault, « l'épidémie a clairement profité des forces de la mondialisation urbaine pour se développer. Le virus a en effet exploité les réseaux de mobilité, au cœur du développement économique et du tourisme, et s'est épanoui au sein des espaces les plus denses, les plus productifs et les plus marqués par des sociabilités intenses. Ces caractéristiques de l'urbanisation qui se sont imposées en quelques décennies, comme un nouveau standard, révèlent actuellement la spectaculaire vulnérabilité des villes[6] ».

Ces dernières, pourtant, n'ignorent rien des périls sanitaires. Dès l'Antiquité, elles ont tenté d'en juguler les effets, suivant les préceptes d'Hippocrate qui, au Ve siècle avant J.-C., perçoit, comme le rappelle Thierry Paquot, qu'il convient « de s'éloigner des sols nauséabonds et inféconds, car ils peuvent engendrer des maladies. Il faut aussi, dit-il, privilégier les sources d'eau de qualité et les sites ventés, car la brise chasse les miasmes[7] ». Les Romains construiront aqueducs, fontaines, réservoirs, châteaux d'eau, thermes et égouts. Le Moyen Âge commencera à paver les rues pour en chasser la fange nauséabonde qui les envahit.

Il éloignera aussi les métiers les plus polluants en périphérie (bouchers, tanneurs, laveurs de laine, feutriers, teinturiers, écorcheurs et drapiers). Comme le rappelle Anne Chemin, « nul ne sait encore comment se transmettent les maladies infectieuses, mais chacun pressent que la ville devrait se plier à ce que l'on n'appelle pas encore l'hygiène[8] ». Des lois obligent ensuite à évacuer ses déchets ailleurs qu'en bas de chez soi. Les cimetières sont relégués aux confins des villes. Les rues s'élargissent. On fait circuler l'air, on évacue toujours plus et mieux les immondices. Les efforts s'intensifient au XIXe siècle à la suite des épidémies de choléra notamment, et avant même que la médecine établisse scientifiquement le lien entre saleté, pollution et maladies. Haussmann, le préfet Poubelle, Le Corbusier, Frank Lloyd Wright… Jusqu'à ce que les progrès de la science atténuent l'enjeu. « L'urbanisme et la santé marchent ainsi main dans la main pendant des décennies, mais les fulgurants progrès réalisés par la médecine, à partir des années 1960, mettent fin à ce long compagnonnage[9]. » Depuis, d'autres préoccupations l'emportent. Parenthèse d'un demi-siècle dont on peut espérer qu'elle se referme avec la crise sanitaire actuelle, qui nous rappelle violemment notre vulnérabilité. Urbanistes et architectes rivalisent à nouveau d'inventivité pour bâtir des villes plus saines, plus inclusives y compris pour les plus âgés[10]. Partie d'un travail mené pour la mairie de Paris, l'idée de la ville du quart d'heure, qui a valu à Carlos Moreno le prix Obel d'architecture 2021, se propage rapidement à travers le monde car les maires comme les citoyens comprennent qu'à l'heure des pandémies et du changement climatique, il est plus sain pour tout le monde de bénéficier de services de proximité[11].

Et si nous observions la fin d'une époque, celle où nous nous pensions invulnérables ?

– 2 –
ET SI NOUS N'ÉTIONS PAS INVULNÉRABLES

Confucius disait que nous avons deux vies, et que la seconde commence quand nous comprenons que nous n'en avons qu'une. C'est vrai pour nous, notre civilisation, nos institutions et nos sociétés.

Notre vulnérabilité, nous la pressentions.

Hier marginaux, les travaux et discours sur la fragilité de l'écosystème terrestre et de la biosphère avaient, avant la pandémie, gagné de larges couches de l'opinion. Le philosophe Albrecht avait même proposé un nouveau terme, celui de solastagie, pour dire la nostalgie d'un environnement qui a été détérioré par l'activité humaine (on peut penser à une forêt dévastée par les flammes ou des bulldozers, un glacier qui a fondu à cause du réchauffement climatique, une plage souillée par la pollution, une rivière qui charrie des déchets, etc.[1]).

Nous avons désormais collectivement et simultanément éprouvé cette nostalgie du monde d'avant les masques, le confinement et la pandémie, et la vulnérabilité des individus, des organisations et de nos modes de vie et c'est en cela que nous changeons si ce n'est de monde du moins d'époque. Nous en avons pris conscience, à toutes les échelles : individuelle voire intime avec les effets des restrictions de nos vies sociale et affective, collective et globale à travers les multiples effets de la crise sanitaire sur l'organisation de nos sociétés, de nos économies, des espaces que nous habitons. Nous nous sommes crus invulnérables, nous avons surexploité la planète, épuisé la biodiversité, le retour de bâton est proportionnel au sentiment de toute-puissance qui nous a mus pendant des décennies.

C'est ce que pressentaient les religions qui, pendant des siècles, ont attribué aux péchés des hommes les calamités naturelles qui s'abattaient sur eux. Cette intuition se vérifie en partie aujourd'hui, depuis que nous sommes entrés dans l'anthropocène, littéralement « l'ère de l'homme ».

La part de l'humanité qui se sait et se sent vulnérable a considérablement augmenté depuis 2020. C'est bien sûr le cas de ceux qui ont subi la maladie[2] mais aussi de bien d'autres, le confinement ayant même été décrit comme un rite de passage[3] amenant à une prise de conscience. Si le président de la République pouvait dire que nous étions en guerre, des analystes ayant plus de recul ont compris que « nous sommes en *care*[4] », car nous nous savons plus que jamais vulnérables et interdépendants.

Cette prise de conscience de notre vulnérabilité n'est pas seulement le fait des individus mais aussi des entreprises ou des secteurs économiques qui vacillent alors qu'ils se pensaient intouchables (le tourisme, les aéroports, le transport aérien…). Des pays à l'économie florissante ont connu la récession. Des personnes qui n'étaient pas en situation de précarité ou de fragilité en ont brutalement fait l'expérience. Des professionnels qui étaient entraînés à se protéger contre la souffrance pour travailler ont été déstabilisés par la violence de la crise.

Je pense ici particulièrement aux soignants, qui cultivent souvent un sentiment d'invulnérabilité pour tenir, psychiquement, face à l'omniprésence de la maladie et de la mort. Les témoignages de grande détresse, d'effondrement parfois, se sont multipliés depuis le début de la crise, notamment car l'hôpital prend trop peu soin de son personnel, ce qu'il paie avec des démissions toujours plus nombreuses et un taux d'absentéisme qui obligent nombre de lits à rester fermés. Pour s'en tenir à la France, dès novembre 2020, plusieurs études ont mesuré ce phénomène. Anxiété chez plus de la moitié des professionnels et dépression chez près d'un sur trois selon une enquête menée auprès d'un millier de soignants dans des unités de soins intensifs ; symptômes post-traumatiques (57,8 %) et burn-out (de 26 % à 41 %) à l'hôpital public d'après une étude conduite par le psychiatre Wissam El-Hage (CHU de Tours[5])…

Les jeunes ont payé le prix fort. Avant la crise, 23,7 % des internes avaient déjà eu des idées suicidaires, 28 % avaient souffert de troubles dépressifs, 66 % de troubles anxieux[6]. Est-ce vraiment surprenant lorsqu'on sait que leur temps de travail hebdomadaire, là encore avant la crise, était en moyenne de 58 heures, sans récupération – soit 10 heures de plus que le maximum légal, lui-même déjà très élevé

(48 heures) ? La crise a encore accentué ces pathologies. Elles ne sont pas seulement graves pour leurs victimes mais aussi pour les patients : la baisse de l'empathie est un des premiers symptômes du burn-out ; cela n'aide pas à être à l'écoute et à prendre les bonnes décisions thérapeutiques.

Les jeunes soignants sont en première ligne face à la crise. Mais ne sont pas les seuls à en souffrir. La jeunesse, dans son ensemble, a perdu une part de son insouciance, et les enfants une part de leur innocence, empêchés qu'ils sont de s'amuser et de socialiser à cause de la crise sanitaire, entravés dans leur capacité à se projeter dans l'avenir à cause de la crise climatique et heurtés de plein fouet par la crise économique, quand il ne s'agit pas de se battre pour, simplement, survivre au quotidien – épiceries solidaires et soupes populaires ont vu leur fréquentation augmenter dramatiquement.

Les premières études mesurant l'effet psychique de la crise sur ces catégories d'âge sont également alarmantes. Montée de la dépression, des tentatives de suicide, des comportements à risque, chez les adolescents et jeunes adultes. Les plus jeunes, eux, sont affectés dans leur développement physique et cognitif selon une étude menée auprès de 90 élèves de CE1 et CE2 d'écoles de Vichy, dans l'Allier, et de Riom, dans le Puy-de-Dôme. « Des enfants sportifs, sans aucun problème de santé, aucun problème de poids, ont grossi de 5 à 10 kg, du fait de l'arrêt de la pratique sportive », selon Martine Duclos, cheffe du service de médecine du sport au CHU de Clermont-Ferrand, qui a coordonné ce travail. Parallèlement, « leurs capacités cognitives auraient baissé d'environ 40 % »[7].

L'explosion généralisée de la vulnérabilité et l'anxiété qui en découle font voler en éclats les repères. Formidable terreau pour les charlatans qui promettent des solutions simplistes, à court terme, avec un aplomb (faussement) rassurant. Même la puissante démocratie américaine a failli ne pas s'en remettre quand des milliers de manifestants, galvanisés par un conspirationnisme niant autant la pandémie que le résultat des urnes, ont envahi le Capitole, à Washington, le jour où le Congrès votait pour certifier la victoire de Joe Biden contre Donald Trump. Rien ne dit, d'ailleurs, que l'histoire soit finie, nombre d'élus ou de partisans du parti républicain continuant à contester l'issue du scrutin.

Se prétendre invulnérable est visible dans la nature chez les animaux. Chez les primates, le mâle alpha peut s'imposer tant qu'il ne manifeste aucun signe de fragilité. De tels comportements sont ancrés dans nos imaginaires. Mais comme l'indique le grand primatologue américano-néerlandais Frans de Waal, se donner les apparences d'un « mâle alpha » ne suffit pas. La plupart sont grands et forts, mais d'autres sont physiquement moins impressionnants et nombre de femelles peuvent jouer un rôle clé chez les primates. D'où tirent-ils leur autorité ? De leur capacité à maintenir la paix dans le groupe, à prendre soin des plus fragiles. Le mâle ou la femelle alpha, s'ils veulent conserver leur statut, doivent se comporter en animaux politiques, en fins tacticiens aptes à bâtir des coalitions avec les autres mâles et femelles. Quand elle se contente de rouler des mécaniques, la domination ne peut reposer que sur la terreur, pas sur l'adhésion, et elle sera menacée au premier signe de faiblesse.

Ce besoin de protection, des millions de personnes l'ont manifesté pendant le premier confinement, dans de nombreux pays, en plébiscitant pendant plusieurs semaines les professionnels du *care* à travers le rituel des applaudissements. « Le fait que des individus s'occupent d'autres, s'en soucient et ainsi veillent au fonctionnement ordinaire du monde, tout cela va de soi en temps normal, on ne le voit pas. Il y a quelque chose d'extrêmement nouveau dans le fait de prêter attention aux personnes dont on tenait pour acquis qu'elles étaient là pour servir, et dont la fonction apparaît aujourd'hui comme centrale dans le fonctionnement de nos sociétés[8] », souligne la philosophe Sandra Laugier, qui avait dès 2006 codirigé un ouvrage intitulé *Le Souci des autres*[9].

Il y a encore loin de la prise de conscience aux actes. Les institutions qui forment celles et ceux qui prennent soin de nous ne prennent guère soin d'eux ! La formation des soignants, comme celle des enseignants, est indigente en la matière. De même que leur suivi et leur prise en charge une fois sur le terrain – l'organisation du travail est peu soucieuse de leur bien-être (c'est un euphémisme), la pression exercée par le besoin de résultats et la diminution des moyens les mettent sous tension permanente, alors qu'elles pourraient peut-être s'entendre si elles étaient accompagnées de nouvelles formes d'organisation, de nouvelles façons de travailler, de relations hiérarchiques fondées sur la confiance, sur plus d'horizontalité…

Les professionnels du *care* ont cruellement besoin de *care* pour eux-mêmes. Cela passe par des attitudes (de bienveillance, d'empathie), mais aussi par des changements structurels (moins de bureaucratie, plus de délégation, plus de travail en équipe, plus de médecine du travail, de meilleures rémunérations, etc.) qui marquent, concrètement, la reconnaissance.

Il n'est pas anodin que la notion d'éthique du *care* soit née aux États-Unis, dans les années 1980, à l'initiative de chercheuses féministes. « Prendre soin », que ce soit dans les univers domestique ou professionnel, est une tâche à la fois majoritairement féminine et cachée, socialement peu valorisée. Mais l'idée fait son chemin – Martine Aubry, la première, a même tenté de faire de la « société du soin mutuel » la nouvelle colonne vertébrale du Parti socialiste, en 2010. Et plus personne n'ignore aujourd'hui que bien des métiers qui ont permis à la société de « tenir » pendant les phases les plus dures de la pandémie sont exercés par des femmes, contre des rétributions modestes (infirmières, aides-soignantes, aides ménagères, caissières, agents d'entretien : tous ces métiers sont féminins de 75 % à 95 %).

Appréhender la société à travers cette éthique est fertile et prometteur, aussi bien politiquement qu'épistémologiquement : elle offre les outils d'analyse dont nous avons besoin pour comprendre et accepter notre vulnérabilité, et en tirer les conséquences en matière d'organisation sociale. Parce que nous sommes des mammifères et que les mammifères naissent plus fragiles que d'autres animaux. Parce que de tous les mammifères nous faisons partie de ceux qui sont les plus vulnérables à la naissance. Parce que nous sommes fortement interdépendants dans toutes les dimensions de notre vie. Nous avons besoin des autres dès notre premier souffle de vie et le ressentons au plus profond pendant toute notre enfance. Nous en avons besoin pour affronter l'approche de notre dernier souffle, les seniors aussi le savent. Il est illusoire de penser que nous ne devons pas nous reposer sur les autres dans l'intervalle, et que des systèmes qui nous mettent sans cesse en compétition, excitent nos pulsions de domination, écrasent et humilient les plus fragiles, pourront nous permettre de nous en sortir.

La lutte contre la pandémie de Covid-19 rend encore plus urgente et sensible la prise de conscience de cette interdépendance. Si nous échouons à mener une politique équitable de diffusion des vaccins et des traitements, nous en paierons le prix collectivement. Des poches de virus subsisteront et, tôt ou tard, nous reviendront comme en boomerang. Il suffira d'une mutation qui échappe aux vaccins pour que tous les efforts et sacrifices accomplis depuis 2020 soient réduits à néant. Si des mutations devaient rendre ce virus plus létal pour nos enfants, jusqu'ici relativement épargnés, la pandémie provoquerait des ravages plus importants encore et aurait des conséquences toujours plus dramatiques sur nos vies.

Nous sommes également dépendants, je l'ai mentionné, des autres espèces (biodiversité) et des facteurs physico-chimiques de notre environnement (ozone, climat, pollution dans les villes, etc.). Nous sommes tous embarqués sur le même navire, et, à l'échelle de l'univers, c'est un bien frêle esquif. Certains pays rédigent des déclarations d'indépendance. Et si nous nous dotions d'une « déclaration d'interdépendance », dont nous déduirions des règles et des lois destinées à protéger les mécanismes par lesquels nous prenons soin les uns des autres et de la planète, en tant qu'individus et en tant que sociétés.

Pour désigner l'imprévisibilité de notre monde, les stratèges emploient l'acronyme « vuca » – pour « *volatile*, *uncertain*, *complex*, *ambiguous* » (« volatile, incertain, complexe, ambigu »). Je propose d'y opposer l'acronyme « vica », réponse et antidote au vuca. Vica ? Vulnérabilité, interdépendance, *care*, compassion, citoyenneté, coopération, créativité, critique (constructive) du système dominant, communication, *aware* (« conscient »), en quelque sorte une invitation à penser une nouvelle éthique commune…

J'ai déjà mentionné certaines de ces notions et je reviendrai sur les autres dans les chapitres qui suivent ; je m'arrête ici sur la compassion, dont on croit trop souvent qu'elle relève d'une posture morale, d'une sorte de « don ». Or on peut éduquer à la compassion. Elle repose en effet sur la compréhension des émotions de l'autre.

Fritzi Horstman, ancienne délinquante juvénile victime de multiples abus dans son enfance, a fondé le Compassion Prison Project pour que les traumatismes subis dans l'enfance soient mieux pris en compte dans les prisons, les établissements psychiatriques et les lieux d'éducation et de réinsertion. Et pour changer la façon dont on incarcère, isole et déshumanise les victimes. Elle résume son approche dans *Step Inside the Circle*, courte vidéo qu'elle a tournée dans une prison de haute sécurité californienne. Deux cent trente-cinq détenus forment un vaste cercle dans la cour de la prison. Elle les a réunis pour un *compassion trauma circle* (un « cercle de compassion » permettant de sortir par le haut des traumatismes subis dans son histoire personnelle).

Elle se place au milieu, avec un micro : « Chacun est prêt à affronter son passé ? » Les « *Yeah* » fusent. Puis elle les interroge ou leur soumet des affirmations. À chaque réponse positive, les détenus devront faire un pas vers le centre du cercle (« *step inside the circle* »). Les questions s'enchaînent : « Au cours de vos dix-huit premières années, un de vos proches parents vous a-t-il parfois ou souvent humilié, insulté, rabaissé ? » « Au cours de vos dix-huit premières années, un de vos proches parents vous a-t-il menacé ou agressé physiquement ? » « Au cours de vos dix-huit premières années, un de vos proches parents vous a-t-il frappé si violemment que vous avez conservé des traces physiques ou avez été blessé ? » « Si vous avez souvent pensé que personne dans votre famille ne vous aimait ou vous considérait comme quelqu'un de spécial, faites un pas. » « Si votre famille vivait dans l'extrême pauvreté, faites un pas. »

À la fin, la majorité des détenus se retrouvent au milieu du cercle. Cette vidéo montre que la majorité des détenus ont été victimes de traumatismes pendant leur enfance, et qu'ils souffrent souvent de maladie mentale. Elle donne ensuite la parole aux détenus. « Je suis un enfant traumatisé élevé par des parents qui furent eux-mêmes des enfants traumatisés », témoigne l'un. « Ma mère ne voulait pas de moi, raconte un autre. Elle a caché sa grossesse et a tenté de me faire disparaître dans les toilettes. Je me suis toujours demandé “Mais qu’ai-je fait de mal ?” » Un troisième : « Nos traumas nous séparent les uns des autres. Mais quand nous reconnaissons publiquement en avoir été victimes, cela nous réunit. » Un quatrième : « En prison, nous ne devons pas montrer nos faiblesses. Mais faire un pas vers le centre de ce cercle, c’était une façon de revendiquer notre humanité et de dire que nous voulions être aimés. »

C’est aussi l’objet du programme Roots of Empathy (« Les Racines de l’empathie ») de l’éducatrice canadienne Mary Gordon[10]. Le dispositif a été déployé dans plus de dix pays. Pendant une année scolaire, un formateur vient dans une classe avec une mère et son nourrisson, toutes les trois semaines. Il invite les enfants ou adolescents à observer le développement du bébé, à deviner ses sentiments, à analyser ce qui se joue dans la relation mère-enfant. Le bébé incarne le besoin d’empathie, il est par nature tolérant et non discriminant. Cette découverte, sensible, de la vulnérabilité du tout-petit aide les élèves à reconnaître et à accepter leur propre vulnérabilité et, par capillarité, celle de leurs camarades. Dans les classes où le dispositif est mis en œuvre, intimidations, harcèlement et violences diminuent nettement ; et l’estime de soi des élèves augmente. Le livre dans lequel Mary Gordon décrit son expérience se termine par un double appel. Aux parents, premiers acteurs de l’éducation. Mais aussi aux enseignants, afin de les convaincre que la meilleure façon d’aider les enfants qui grandissent dans des univers violents et/ou défavorisés est de les aider à développer leur empathie et leur sens de la solidarité.

Au Mexique, le Center for Investigation in Ethical Development (Cidel) de Gilda Henriquez Darlas a développé Universal Education Model for Ethical Development, un programme qui répond aux mêmes objectifs de développer l'empathie et le respect. Il est mis en œuvre sur trois ans, dans la petite enfance, et repose sur toute une série d'activités destinées à montrer aux enfants qu'ils ont besoin les uns des autres (et besoin de se comprendre les uns les autres). L'une d'entre elles consiste à leur demander de dessiner un même objet du quotidien puis de reconnaître que le dessin des autres, pour différent qu'il soit, représente bien la même chose, même si chacun est influencé par son histoire, ses représentations et son angle de vue. D'autres activités sont proposées, notamment des jeux, et le programme culmine en troisième année par une sorte de jeu de l'oie géant et collectif au cours duquel les enfants vont tenter d'accéder à la planète Sagesse. Un des secrets de la réussite : on ne gagne que si tout le monde gagne.

Le programme développe deux vertus bien connues des adeptes de la méditation : *awareness* et *mindfulness* (attention à l'autre et à soi). La méditation constitue une autre voie d'accès à l'empathie. Sa pratique active les zones du cerveau associées au bien-être. Elle repose aussi sur un mécanisme bien décrit, par exemple, par le docteur en génétique et moine bouddhiste Matthieu Ricard : nous nous sentons mieux quand nous aidons les autres. Mais nous risquons aussi d'y laisser notre santé, prévient-il : « Lorsqu'une personne qui éprouve spontanément de l'empathie est continuellement confrontée aux souffrances d'autrui, elle est constamment affectée par ces souffrances. Nous constatons que ceci arrive aux plus dévouées des personnes travaillant dans les services d'aide et de soin, telles que les professionnels de santé. L'expérience répétée et profonde qu'elles font de l'empathie les conduit soit à développer le syndrome d'épuisement professionnel, soit à fuir les sentiments et les émotions d'autrui[11]. »

Raison pour laquelle il ne faut pas considérer la compassion comme une simple vertu individuelle, fruit d'un effort solitaire sur soi-même, mais comme le produit de politiques publiques, de cadres sociaux, économiques, professionnels, éducatifs... Ainsi nous affronterons notre vulnérabilité commune, ainsi nous la reconnaîtrons et la connaîtrons, ainsi nous serons en mesure de relever les défis qui se présentent à nous avec une urgence et à une échelle jusque-là méconnues.

Nous avons besoin, pour cela, de toutes et tous, et donc de mettre en place une véritable égalité.

Et si nous décidions, enfin, que le masculin ne l'emporte pas sur le féminin ?

– 3 –

ET SI NOUS DÉCIDIONS QUE LE MASCULIN NE L'EMPORTE PLUS SUR LE FÉMININ

J'emprunte le titre de ce troisième chapitre à la règle de grammaire bien connue qui impose d'accorder au masculin un adjectif qui qualifie des noms de genres différents (« le masculin l'emporte sur le féminin »). Pour annoncer que je vais ici m'en dispenser, car cette règle n'est pas seulement l'application mécanique d'une tradition linguistique ancienne, elle est un des très nombreux indices de la domination masculine, dans tous les domaines.

Pour mémoire : cette règle que l'on tente de nous imposer comme héritière d'une longue tradition est récente au regard de l'histoire. L'ancien français pratiquait l'accord dit « de proximité » : le passage de la *Chanson de Roland*, un des plus anciens manuscrits de notre langue (XIe siècle), dans lequel meurt le chevalier à Roncevaux est rédigé en employant cet accord.

L'usage perdure jusqu'au XVIIe siècle, par exemple sous la plume de Racine lorsqu'il écrit, dans *Athalie* (1691) : « Surtout j'ai cru devoir aux larmes, aux prières / Consacrer ces trois jours et ces trois nuits entières. » Cet usage s'enracine encore plus loin, au plus profond de l'origine de notre langue. Le grec ancien et le latin accordaient aussi les adjectifs au nom le plus proche. Si Racine avait inversé « jours » et « nuits », il aurait écrit « trois nuits et trois jours entiers », non parce que le masculin l'emporterait sur le féminin, mais parce que le mot « jours » était plus proche de l'adjectif « entiers », ce qui raconte une tout autre histoire.

La règle actuelle s'est imposée dans un contexte très particulier, bien plus politique que linguistique, sous l'égide de l'Académie française, fraîchement créée sous Louis XIII par Richelieu. Les vibrants plaidoyers qui la portent ne s'embarrassent pas de considérations historiques, et pour cause, mais affirment de la façon la plus brutale qui soit l'idée d'une supériorité masculine « naturelle ». « Lorsque les deux genres se rencontrent, il faut que le plus noble l'emporte », écrit en 1675 le prêtre jésuite et grammairien Dominique Bouhours. Son collègue Nicolas Beauzée enfonce le clou en 1767 : « Le genre masculin est réputé plus noble que le féminin à cause de la supériorité du mâle sur la femelle. »

La règle s'ancre ainsi clairement dans une réalité politique, celle de la monarchie absolue, et dans un contexte de domination tout aussi absolue du catholicisme patriarcal. C'est également au XVIIIe siècle que le mot « homme » s'impose en synonyme d'« humain », ce qui permet, à peu de frais, d'affirmer en toute occasion la supériorité masculine. Puis l'école primaire publique, à la fin du XIXe siècle, rend obligatoires ces règles inventées aux XVIIe et XVIIIe siècles.

L'affaire est bien politique et non linguistique, comme l'explique la professeure de littérature Éliane Viennot : « La langue n'est pas misogyne. Ce sont les gens qui le sont, c'est la société qui est sexiste. Notre langue est absolument équipée pour dire l'égalité. Dans l'état actuel, elle ne fait que traduire l'inégalité existante. Mais ce qui est plus grave, c'est qu'elle la légitime et la justifie. C'est parce qu'on nous explique que quatre féminins et un masculin doivent s'accorder au masculin qu'on trouve normal, quand on s'adresse à quatre-vingt-dix-neuf femmes et un homme, de parler au masculin[1]. » Pour l'anecdote : il m'est arrivé, lors de rencontres avec des enseignantes et enseignants de maternelle, de choisir d'accorder systématiquement au féminin, sans que cela semble choquer personne.

Ce petit détour introductif illustre le point central de mon propos : la question de l'égalité femmes-hommes est systémique et politique et il faut l'aborder en tant que telle.

Où que l'on porte le regard, les inégalités sont là. En politique ? Malgré les quotas, les hommes se taillent la part du lion. À la notable exception de celui des Armées (Florence Parly), tous les ministères régaliens sont tenus par des hommes. Alors même que les listes sont paritaires, seules 4 régions sur 20, 14 départements sur 101 et 12 grandes villes sur 42 sont présidés par des femmes. Dans le monde de l'entreprise ? En dépit de la loi Copé-Zimmermann (2011) qui imposait la parité dans les conseils d'administration et de surveillance, le plafond de verre demeure dans les plus grandes entreprises : une femme PDG (Catherine MacGregor chez Engie) et deux femmes présidentes de conseils d'administration ou de surveillance (Angeles Garcia-Poveda chez Legrand et Barbara Dalibard chez Michelin). Dans la culture ? Si le monde des musées a entamé une mue significative, marquée par la nomination de Laurence des Cars à la direction du Louvre, les multiples expositions dédiées aux femmes artistes sont autant d'arbres qui cachent la forêt, comme le souligne le journaliste Michel Guerrin : « 9 % des établissements de spectacle sont dirigés par des femmes, moins d'un opéra sur cinq est mis en scène par une femme, le chef d'orchestre est quasiment toujours un homme, les trois quarts des films sont réalisés par des hommes, une cinéaste a beaucoup moins d'argent pour tourner. Dans le spectacle, enfin, un homme est payé presque deux fois plus qu'une femme[2]. » À l'université ? 14 femmes parmi les 74 présidentes et présidents d'université – et ce n'est pas, ou en tout cas pas seulement, une question de vivier : 40 % des 48 000 enseignants-chercheurs universitaires sont des femmes.

La crise que nous traversons va-t-elle accélérer la prise de conscience de la persistance de ces inégalités ? Je veux le croire, tant elle a mis en lumière le rôle déterminant des femmes dans notre vie collective.

Elle est en outre intervenue alors que la vague #MeToo dévoilait, dans le monde entier, l'ampleur et la gravité des conséquences du patriarcat. En France, une vaste enquête menée par *Le Monde* avait également démonté la mécanique mortelle qui conduit au féminicide (mot entré dans le *Larousse* en 2021), schéma récurrent qui conduit la société à ignorer les signaux d'alerte qui, chaque fois, annonçaient le drame. Puis le livre de Camille Kouchner, *La Familia Grande*[3], entraînait une vague #MeTooInceste qui, là encore, mettait en lumière les effets de système qui, dans de nombreux milieux, condamnent au silence et à la souffrance les victimes de violences sexuelles intrafamiliales, actes perpétrés à 96 % par des hommes, et dont un homme sur huit et près d'une femme sur cinq déclarent avoir été victimes selon une enquête de l'Institut national d'études démographiques (Ined[4]).

Si le féminisme porte le combat contre toutes ces violences et formes de domination, le combat contre ces violences ne renvoie pas seulement au féminisme. Il fait écho à ce que nous savons des mécaniques qui mènent aux génocides, quand le bourreau dénie à sa victime son humanité, la transforme en « chose » afin de pouvoir l'abuser sans scrupule, l'annihiler en tant que personne. C'est un combat pour l'humain qui doit être porté par des hommes et des femmes soucieuses de sortir de schémas violents, niant les droits des victimes, et désireuses de réinventer simultanément égalité, féminité et masculinité pour améliorer nos vies et nos relations[5].

Comment le mener ?

La seule solidarité entre dominées et dominés ne suffira pas à vaincre la puissance de la solidarité entre dominants. Comme toujours, le socle consiste à éduquer. À l'école, bien sûr, mais aussi après, dans les formations aux différents métiers, à commencer par ceux qui sont directement concernés par les formes de domination les plus impactantes : les policiers, les gendarmes, les juges, les décideurs, les professionnels de l'enfance, les médecins (notamment les pédiatres). Notre pensée, nos modèles, sont tellement masculins qu'ils prévoient rarement de former à l'écoute des victimes. Tant que cela ne sera pas fait, le système demeurera structurellement favorable aux prédateurs et non aux victimes.

Cette domination, culturelle, n'est pourtant pas une fatalité.

La nature nous a programmés pour que nous tentions de maximiser nos chances de survie, et en particulier celles de nos descendants. Chez les mammifères, cela prend plusieurs formes. Si la répartition des tâches, majoritairement, attribue le soin à la femelle et la protection et la chasse au mâle, ce régime connaît d'intéressantes exceptions et variantes (des couples très égalitaires, des « mâles maternants », des regroupements d'animaux qui mettent en commun les ressources pour élever ensemble les nouvelles générations...).

Chez l'humain, ce souci d'optimiser se traduit par une organisation sociale et politique. La protection offerte par la cellule familiale s'est peu à peu enrichie de multiples dispositifs d'aide : nourrices, crèches, écoles, hôpitaux, planning familial... Le but reste le même : protéger la prochaine génération. Historiquement, les femmes y prennent plus que leur part, tant dans la sphère publique que dans l'espace privé. Dans ce dernier, la division sexuelle des activités domestiques et parentales demeure souvent, même si toujours plus de couples s'organisent pour se partager équitablement les tâches.

Au-delà de la physiologie (accouchement, éventuel allaitement), la répartition des tâches concernant les bébés et très jeunes enfants souffre trop souvent d'un déséquilibre de responsabilités ; tout se passe trop souvent, comme si le surinvestissement maternel procurait malgré son coût une certaine satisfaction dans le fait d'être indispensable voire un sentiment de supériorité, et le sous-investissement paternel une sorte de lâche soulagement… Alors que cela se fait au détriment des deux, la femme bien sûr qui porte le coût principal de cette injustice mais aussi l'homme qui se prive ainsi de liens avec ses enfants et d'une vie de couple plus équilibrée et donc plus épanouissante. Ce déséquilibre familial a la peau dure, même s'il est aujourd'hui moins marqué, en particulier dans les couples sans enfant. Il est à la base de la reproduction des conceptions genrées des activités sociales qui reculent parfois, demeurent souvent, voire s'aggravent selon les circonstances.

Pendant les confinements, les habitudes ancestrales, ancrées par des siècles de patriarcat, sont trop fréquemment revenues : ce sont les femmes qui ont compensé, nettement plus que les hommes, les effets de la fermeture des lieux d'accueil des petits enfants, enfants et adolescents. Dans des conditions dégradées. Une étude menée en France par Ipsos pour le Boston Consulting Group le montre. « 38 % des femmes (11 points de plus que les hommes) indiquent ne pas avoir d'espace isolé pour télétravailler. Résultat : elles sont 28 % à se dire régulièrement dérangées pendant qu'elles travaillent depuis leur domicile, quand seulement 19 % des hommes déclarent la même chose. Dans un couple, quand il existe un bureau ou un espace de travail, c'est le mari qui l'occupe, la femme devant travailler depuis le séjour ou l'espace de vie comme disent les agents immobiliers. À cela s'ajoute vraisemblablement la situation des femmes élevant seules leurs enfants[6]. » Cette étude souligne les « conséquences plus importantes sur la santé des femmes. 44 % d'entre elles disent avoir des problèmes de sommeil (35 % des hommes sont dans la même situation). Un tiers des femmes (34 %) estime être sur le point de craquer ou de faire un burn-out (28 % des hommes). Résultat : quand deux tiers des femmes disent être anxieuses (de légère, 33 %, à forte, 16 %), seulement un homme sur deux le déclare (la part indiquant connaître une anxiété forte est de 12 %[7]) ».

Professionnellement et familialement, parentalement pourrait-on dire, en « première ligne » contre la pandémie, les femmes expertes et dirigeantes ont vu leur rôle minoré. Deux études du CSA et de l'INA réalisées en juin 2020 évaluent le déséquilibre : « La première a compté 52 % de femmes parmi les professionnels de santé interrogés pour rendre compte de leur quotidien, [mais] celles-ci l'étaient principalement en qualité d'infirmières (78 %) ou d'aides-soignantes (91 %). Des chiffres globalement équivalents à la proportion réelle de femmes dans ces métiers (respectivement 87 % et 91 %). Mais quand il s'agissait de faire témoigner des médecins, les médias audiovisuels tendaient largement le micro à des hommes (73 %), bien que la médecine soit exercée à 46 % par des femmes, selon l'Insee. “Le constat est le même pour les pharmaciens : en 2015, les femmes représentaient 67 % de la profession et elles n'ont été que 40 % à avoir été interrogées”, ajoute l'étude[8]. »

Des inégalités croissantes, donc, et un double discours persistant : célébration des professionnelles du *care* d'un côté, mais de l'autre sous-valorisation du rôle des femmes.

Le déséquilibre n'est pas seulement médiatique. Il s'ancre dans le fonctionnement de l'économie. Cette situation a amené cent vingt responsables de réseaux féminins et entrepreneurs à interpeller Emmanuel Macron dans une tribune publiée par *Le Journal du dimanche* pour réclamer une « relance paritaire[9] ». Elles proposent quatre pistes d'action : des quotas qui, selon elles, « fonctionnent que l'on soit pour ou contre » ; une « revalorisation » salariale inspirée du *Pay Equity Act* canadien « permettant par exemple de comparer le salaire des infirmières à celui de techniciens dans un autre domaine impliquant le même niveau de responsabilité [car] il n'est plus acceptable que les métiers les moins bien payés soient également les métiers les plus féminisés » ; un « financement » des initiatives des femmes entrepreneuses (seuls 2,6 % sont consacrés aux start-up portées par des femmes) ; et un « plan national efficace pour les TPE qui diminuerait les biais existants, l'isolement, et garantirait un égal accès à l'entrepreneuriat et à sa croissance, qu'on soit femme ou homme ».

La philosophe Sandra Laugier et l'ancienne ministre de l'Éducation nationale Najat Vallaud-Belkacem ont publié en septembre 2020 un bref ouvrage qui articule très clairement les effets de la crise sanitaire sur les inégalités femmes-hommes. Elles plaident pour que « le combat féministe pour l'égalité [puisse] s'identifier à la défense d'un projet de société qui, au nom de notre vulnérabilité commune, reconnaisse enfin une valeur au travail du soin et à la contribution de chacun plutôt qu'au pouvoir de quelques-uns ». Son titre et son propos font le lien entre le chapitre qui précède et celui-ci : *La Société des vulnérables. Leçons féministes d'une crise*[10].

Les mécanismes que je décris ne concernent pas seulement l'ordre politique français. Les instances internationales sont elles aussi largement dominées par les hommes.

Partout des systèmes toxiques prévalent. Seule une réponse holistique permettra de les vaincre, comme lorsqu'on souhaite lutter contre un toxique présent dans l'environnement en biologie ou en médecine.

C'est ce que tentent les Nations unies avec les dix-sept Objectifs de développement durable (ODD). Conçus pour répondre « aux défis mondiaux auxquels nous sommes confrontés, notamment ceux liés à la pauvreté, aux inégalités, au climat, à la dégradation de l'environnement, à la prospérité, à la paix et à la justice, [ces] objectifs sont interconnectés et, pour ne laisser personne de côté, il est important d'atteindre chacun d'entre eux, et chacune de leurs cibles ». Ainsi le cinquième objectif, qui vise à « parvenir à l'égalité des sexes et autonomiser toutes les femmes et les filles », est indissociable des seize autres comme, pour ne retenir que les plus évidents, vaincre la pauvreté ou développer une éducation de qualité.

Un des outils qui permettent de penser ces enjeux de manière globale est le budget dit « sensible au genre ». L'idée consiste à examiner toutes les dépenses au regard de leur impact sur les inégalités de genre.

Un exemple simple : augmenter les aides au logement des plus démunis bénéficiera mécaniquement plus aux femmes, nettement surreprésentées dans les familles monoparentales (85 % !) et dont un tiers vit sous le seuil de pauvreté. Cette dépense peut, comme c'est le cas aujourd'hui, relever du budget du ministère du Logement ; elle peut aussi, dans un budget dit « genré » ou « sensible au genre », être inscrite dans une colonne consacrée à la lutte contre la pauvreté des femmes. Plusieurs villes, comme Rennes, Brest, Montreuil et Lyon, ont récemment adopté le budget genré. Sans surprise, le combat féministe s'articule avec d'autres, également essentiels, comme à Rennes : « Nous voulons mesurer l'impact des dépenses de la ville sur trois plans : en quoi la dépense publique agit sur l'égalité femmes-hommes ? Sur le climat ? explique Nadège Noisette, adjointe en charge des finances. J'imagine que nous pourrions étendre ces critères à la lutte contre la pauvreté. Nous avons d'abord besoin de savoir les effets produits par les finances publiques sur ces thématiques et identifier des objets de progression. »

Partout l'idée progresse, mais si lentement… L'Australie, la première, l'avait introduit, en 1984. Plusieurs initiatives ont suivi, notamment au Royaume-Uni, en 1989, avec le Women's Budget Group (WBG). Il est recommandé par l'ONU Femmes depuis 1995 et par le Conseil de l'Europe depuis 2005. « Selon l'enquête menée par l'OCDE en 2016, près de la moitié des pays de l'OCDE (quinze membres sur trente-quatre) l'ont introduit (Autriche, Belgique, Corée, Espagne, Finlande, Islande, Israël, Japon, Mexique, Pays-Bas,

Norvège, Suède), sont en train de l'introduire (Italie), ou prévoient de l'introduire (Turquie, République tchèque)[11]. » Parmi eux, la championne toutes catégories est l'Islande (dont la Première ministre est une femme, Katrín Jakobsdóttir). « D'après les données d'Eurostat, le taux d'emploi des Islandaises s'élève à 83 % (61,5 % en France), elles sont mieux représentées au Parlement, dans les ministères et les administrations que dans n'importe quel autre État, et le congé parental est presque pris à parts égales entre les deux parents[12]. » Elle caracole en tête du classement du Forum économique mondial sur les pays les plus paritaires.

Le plus intéressant est que les pays qui utilisent cette méthodologie voient les inégalités reculer dans tous les domaines (et pas seulement celui de la non-parité).

Cette intrication des combats est ancienne. Dans l'Antiquité grecque, Aspasie aurait été, avec Socrate qu'elle a influencé, « à l'origine du mouvement féministe à Athènes[13] ». Bien que non-citoyenne comme toutes les femmes d'Athènes, elle étendit son influence à tous les champs de la vie publique, y compris militaire. Plus près de nous, Olympe de Gouges éclaira un siècle des Lumières au cours duquel les hommes s'éclairaient surtout entre eux. Autrice en 1791 d'une Déclaration des droits de la femme et de la citoyenne, elle luttait pour les droits des femmes mais aussi contre l'esclavage et la dictature. L'une comme l'autre sont des pionnières, à l'heure de la démocratie naissante, elles se sont battues à des siècles de distance pour l'égalité. Si elles avaient pu être entendues, nous aurions sans doute une société plus égalitaire, où chacun contribuerait à prendre soin de soi, des autres et de la planète. Et si nous savions bâtir ces sociétés plus inclusives ?

Allier empathie et vision globale aura été la marque de fabrique politique des pays qui ont, très vite, lutté de la manière la plus efficace contre la pandémie de Covid-19. Parmi eux, une proportion importante est dirigée par des femmes : Taïwan, la Nouvelle-Zélande, l'Islande, la Lituanie et l'Estonie sont, à l'heure où j'écris ces lignes, dans le top 10 des pays qui comptent le moins de morts par habitants[14]. La Finlande, la Norvège ou le Danemark font partie du top 25.

L'exemple de Taïwan est d'autant plus marquant qu'une partie de la politique mise en œuvre (le pan numérique) a été conduite par une ministre transgenre, la première au monde. Audrey Tang, hackeuse issue du mouvement de contestation civique dit « des Tournesols » de 2014, occupe en effet le poste de ministre du Numérique depuis 2016.

Le plan d'action taïwanais tenait en trois mots : *fast*, *fun* et *fair*. *Fast* car il s'agit d'aller vite. Dès qu'un problème d'approvisionnement en masques apparaît, par exemple, un *civic hacker* (développeur informatique) code une interface qui permet de savoir où il en reste. Audrey Tang repère l'initiative et, en vingt-quatre heures, la finance et la transforme en un service public. Le jour où nous saurons nous aussi créer des services publics en vingt-quatre heures, nous aurons fait des progrès, encore inimaginables à ce jour, en matière de réactivité et de prise en compte des besoins des citoyens.

Fun ou « l'humour » pour contrer les fake news. Quand la rumeur d'une pénurie de papier hygiénique apparaît, le gouvernement lance une campagne pour inciter à ne pas dévaliser les magasins (ce qui, pour le coup, créerait une pénurie). Son slogan : « On n'a qu'une paire de fesses ». Une forme de vaccination par l'humour qui permet ici de faire circuler plus vite l'information pertinente.

Fair, enfin, pour que tous ceux qui sont en difficulté trouvent de l'aide (une hotline dédiée a été ouverte très vite). Exemple. Un jour, un petit appelle cette hotline pour se plaindre : il ne reste plus que des masques roses, hors de question d'aller à l'école ainsi, on se moquerait de lui. Les autorités font l'hypothèse qu'il ne doit pas être le seul à craindre les insultes. Dès le lendemain, les autorités de santé donnent leur conférence de presse en arborant, hommes et femmes, des masques roses.

En Nouvelle-Zélande, Jacinda Ardern, Première ministre élue à la surprise générale en 2017, a été réinvestie triomphalement en 2020 après avoir aidé le pays à surmonter plusieurs crises graves dont des attentats et celle de la Covid-19. Les qualités distinctives que lui attribuent les observateurs ? « Une approche fondée sur la bienveillance[15] », sa capacité à « analyser les faits, prendre les bonnes décisions quitte à ce qu'elles soient difficiles, puis à emporter l'adhésion de la population grâce à ses qualités de communicante[16] ».

C'est l'expérience et non la nature de ces dirigeantes qui les rend particulièrement vigilantes sur ces sujets. Puissions-nous avoir plus de dirigeantes et de dirigeants qui, forts d'expériences vécues de *care*, sauraient mieux prendre soin de leurs concitoyennes et concitoyens et en particulier des plus vulnérables.

Penser horizontalité et non verticalité, repérer les innovations sociales pour les généraliser. Et surtout écouter, prêter attention à tous, expliquer, prendre soin des autres.

Et si nous nous respections ?

– 4 –

ET SI NOUS NOUS RESPECTIONS

Miroir grossissant des inégalités de genre, la pandémie l'est aussi de toutes les formes d'inégalités, à commencer par les inégalités économiques et sociales. Quand nous décrivons les facteurs de comorbidité associés aux formes graves de la maladie, souvent, nous n'osons pas les regarder en face. L'obésité est ainsi couramment désignée, sans que l'on rappelle qu'elle est deux fois plus répandue chez les ouvriers et employés que chez les cadres supérieurs. Être pauvre est un facteur de comorbidité. Mais il est sans doute plus simple, moins culpabilisant, de désigner l'obésité, qui reste, dans l'imaginaire collectif, associée à un défaut de comportement individuel et non à une maladie (ce qu'elle est) et à des conditions de vie plus difficiles. Cette image est sciemment confortée par les messages de prévention qui accompagnent la publicité pour les produits alimentaires néfastes, qui invitent à faire du sport (« Bougez ! ») et à manger des fruits et légumes. Certes. Le vrai message de prévention serait : ceci est un aliment transformé nuisible pour votre santé dont l'État autorise la mise sur le marché à vos risques et périls. On l'a bien fait pour la cigarette.

Si les pauvres sont plus exposés, ce n'est donc pas totalement par hasard, comme le souligne Henri Bergeron, directeur de recherche au CNRS au Centre de sociologie des organisations de Sciences Po : « L'obésité et le surpoids ont des causes multiples. Certains déterminants socio-économiques sont à l'origine de ces problématiques et potentialisent les facteurs génétiques qui peuvent exister chez les individus atteints d'obésité[1]. » Et l'État n'y est pas pour rien : « Nombre de politiques de santé publique sont individualisantes : elles visent à modifier les comportements individuels, alors qu'ils sont conditionnés par des types d'offres, aussi bien en termes de dispositifs dédiés à l'exercice physique qu'en termes d'alimentation[2]. » Un des facteurs probables de cette inertie de la puissance publique tient au poids de l'industrie agroalimentaire. Ses conséquences sont graves : l'obésité constitue un facteur de risque aggravé pour de nombreuses maladies telles que le diabète, le cancer du sein ou la Covid.

L'euphémisation de l'impact du facteur social sur les victimes de la crise sanitaire vaut pour les inégalités relatives aux origines. Dès juillet 2020, une étude de l'Insee montrait que l'augmentation du nombre de décès (due à la pandémie) a été deux fois plus forte pour les immigrés que pour les personnes nées en France. « Elle a atteint 54 % pour les personnes nées au Maghreb, 91 % pour les personnes originaires d'Asie et 114 % pour les personnes nées en Afrique (hors Maghreb[3]). » Ce facteur croise le facteur social : « On sait que les ressortissants de pays d'Afrique (hors Maghreb) vivent dans des logements souvent plus exigus, utilisent davantage les transports en commun pour aller travailler (49 % en 2016, contre 15 % pour ceux nés en France) et sont surreprésentés parmi les "travailleurs clés" dans des secteurs tels que le commerce alimentaire, le nettoyage ou encore la livraison[4]. » Là encore, l'effet est systémique et non pas relatif au comportement des personnes.

Ainsi, lorsque je suggère que nous nous respections, je ne parle pas, ou pas seulement, d'une attitude individuelle, de reconnaître l'autre comme notre semblable, de faire preuve d'empathie et de compassion ; je parle de systèmes politiques qui, structurellement, conduisent à un moindre respect de larges catégories de la population, voire à la négation de leur humanité.

Bien sûr, même si des formes d'esclavage modernes existent encore de par le monde, nos sociétés ont considérablement progressé depuis l'Antiquité, où l'esclavage était la norme. Mais les rapports de domination économique persistent, ainsi que la violence symbolique qui les accompagne. La violence physique demeure elle aussi, infligée non par le fouet de quelque contremaître mais, dans certains secteurs et dans certains pays, par des conditions de travail terriblement éprouvantes pour les corps. Leurs effets se lisent dans les statistiques d'espérance de vie de personnes qui en sont victimes.

Tout comme les systèmes d'oppression laissent des traces, profondes et durables, sur les sociétés. Aux États-Unis, de nombreuses initiatives tentent de faire prendre conscience à la population que la lame de fond de l'esclavage est encore omniprésente dans la vie du pays. Dans sa vie économique – la prospérité américaine s'est en grande partie bâtie sur un système de production qui n'aurait pas fonctionné avec un rendement aussi spectaculaire sans l'esclavage. Dans sa vie sociale – il faudra encore sans doute des générations pour que les Noirs accèdent, à la naissance, aux mêmes « chances » que les descendants et héritiers des colons. Dans sa vie intime et psychique – le suprémacisme blanc n'est que l'expression paroxystique d'un racisme sûr du bon droit des Blancs sur les Noirs. Qu'un mouvement puisse se baptiser par une affirmation aussi évidente que « les vies des Noirs comptent » (Black Lives Matter) en dit long sur le chemin qui reste à parcourir.

Mais on peut aussi voir les choses avec espoir. Comme le relève l'historien Pap Ndiaye, « la remarquable diversité des foules qui manifestent [à l'appel de Black Lives Matter] suggère finalement la possible émergence d'une nouvelle coalition entre Noirs et Blancs libéraux, un gros demi-siècle après celle des droits civiques qui s'effilocha à la fin des années 1960, au moment de l'élection de Nixon ». Et tel est bien l'enjeu : éprouver notre humanité commune afin d'étendre au plus grand nombre notre tendance à prodiguer de la sollicitude, historiquement trop centrée sur les membres de notre communauté la plus proche.

La nature n'est pour rien dans ces inégalités. Chez les grands singes, certaines organisations reposent sur de fortes hiérarchies (gorilles), d'autres sont nettement plus horizontales et coopératives (bonobos). Dans l'espèce humaine, elles naissent dès que nous commençons à capitaliser, à stocker nourriture et bétail, ce qui suppose la sédentarisation, à partir de l'ère mésolithique. Ceux qui en possèdent voient leur pouvoir augmenter. Les sociétés inégalitaires apparaissent et la situation va empirer des chasseurs-cueilleurs aux empires de l'Antiquité, les inégalités se creusant au fil des siècles sur tous les continents sauf dans les lieux où s'inventeront des espaces de discussion, des agoras. Des auteurs comme Thomas Piketty montrent que la structure du capitalisme mondial est impuissante à résorber les inégalités[5] et le restera, sauf, selon lui, à instaurer un impôt mondial (ou, au moins, européen) sur les sociétés, sur la fortune et sur les successions, associé à un cadastre financier global, qui permettent d'éviter que certaines des plus grandes fortunes échappent à l'impôt, comme le démontrent régulièrement les scandales dénoncés par les grands journaux mondiaux qui savent désormais se coaliser pour éviter les pressions (Lux Leaks, Swiss Leaks, Paradise Papers, Panama Papers, Pandora Papers...).

Créer des sociétés du respect, et pas seulement des sociétés au sein desquelles les individus se respectent mutuellement, implique de construire des récits communs auxquels nous serons suffisamment nombreux à croire. Les religions savent le faire – une des racines étymologiques du mot renvoie d'ailleurs à l'idée de ce qui relie. Nous avons su aussi créer des récits, par exemple pour inventer la monnaie, qui n'est rien d'autre qu'une convention à laquelle nous sommes assez nombreux à croire pour qu'elle fonctionne. Ou pour créer et faire fonctionner des États en fédérant, par la loi, des communautés qui n'avaient pas forcément tout en commun au départ et qui dépassent largement nos communautés les plus proches (la famille, l'environnement immédiat).

Pour changer le monde, ces récits doivent à un certain stade devenir politiques. Mais ils peuvent commencer par des fictions. Les droits des travailleurs auraient-ils été pris en considération de la même manière si Émile Zola n'avait pas écrit *La Bête humaine* ou *Germinal* ? Eglantyne Jebb aurait-elle fait admettre par la Société des Nations, en 1923, l'idée de « droits de l'enfant » et fondé Save the Children si Charles Dickens n'avait pas sensibilisé l'opinion avec ses romans (*Oliver Twist*, *David Copperfield*...) ? Romans et films donnent à voir ceux que l'on ne voit pas.

L'école joue un rôle premier dans la construction de ces récits communs.

Et si nous prenions soin de nos enfants ?

– 5 –
ET SI NOUS PRENIONS SOIN DE NOS ENFANTS

Notre espèce, comme beaucoup d'autres, est biologiquement programmée pour prendre soin de ses petits. La gestation interne fait d'abord coexister mère et enfant. La lactation, lorsqu'elle est choisie, ou le fait de donner le biberon, de prodiguer des soins, maintiennent des liens intimes entre le nourrisson et ceux qui s'occupent de lui. Puis nous « couvons » les enfants bien plus longtemps que d'autres espèces – le temps qu'ils acquièrent une autonomie suffisante pour se nourrir et s'abriter qui, chez l'humain d'une société développée comme la France, prend rarement moins de dix-huit ans.

Cette autonomie, les premiers humains l'acquièrent en apprenant des autres, d'abord au sein de la tribu ou d'une communauté restreinte. Mais progressivement apparaissent des systèmes éducatifs spécialisés. L'Égypte ancienne formalise ainsi ses principes éducatifs dès le premier millénaire avant J.-C., autour – déjà – de deux ordres d'enseignement (école du peuple/école royale). Les méthodes sont rudimentaires, voire barbares. Il est recommandé de ne pas hésiter à battre les élèves, dans le dos, pour ancrer les apprentissages (« Un enfant a une oreille sur le dos, il faut le battre pour qu'il entende »). Le hiéroglyphe qui correspond au mot « enseigner » peut également être traduit par « battre avec la main droite ». Et « tous les moyens étaient bons pour maintenir la discipline dont les coups de bâton, méthode qui était répandue dans les écoles égyptiennes[1] ».

Longtemps l'éducation s'apparentera plus au dressage et contraindra par la force. Les châtiments corporels ont perduré, dans les écoles françaises, bien après leur interdiction (1880), obligeant l'Éducation nationale à publier des circulaires récurrentes. Ils sont restés tolérés dans la famille jusqu'à récemment. En 1981 encore, un jugement du tribunal de police de Bordeaux indique que les parents disposent « dans un but éducatif (...) d'un pouvoir disciplinaire pouvant éventuellement s'exercer sur de jeunes enfants sous forme de gifles ou de tapes inoffensives[2] ». Il faut bien des débats et attendre juillet 2019 pour que la France adopte une loi (dite « anti-fessée ») qui proscrit totalement les châtiments corporels dans la famille.

Comment éduquer sans contraindre ? On le voit, la question est ancienne comme l'école. Les réponses les plus convaincantes sont venues de personnes qui étaient confrontées à des enfants réputés indomptables, trop farouches ou violents pour recevoir une éducation autrement que par la contrainte. Ce sont les orphelins pauvres recueillis par le philosophe et pédagogue suisse Pestalozzi à Stans ou, plus tard, par Anton Makarenko en Russie ou, en Pologne, par le médecin Janusz Korczak. C'est Victor de l'Aveyron,

« l'enfant sauvage » recueilli par le médecin français Jean Itard. Ce sont les enfants « arriérés » dont s'occupe la pédiatre Maria Montessori. Ou les enfants des rues pour lesquels Marie Pape-Carpantier transformera les « salles d'asile » en écoles maternelles.

Il ne me semble pas anodin que plusieurs de ces grands pédagogues aient été médecins de formation, ce qui les a sans doute amenés à regarder ces enfants « intraitables » comme des patients à soigner, dont il fallait d'abord entendre et comprendre les souffrances. Ni que les pédagogues qui conçoivent des approches éducatives attentives à la personne aient quasiment tous été confrontés à des enfants difficiles, rétifs à l'autorité. Des « enfants maudits », pour reprendre le titre du bouleversant documentaire de Cyril Denvers, qui donne la parole aux enfants enfermés entre 1836 et 1929 à la Petite Roquette, pénitencier pour garçons vagabonds situé au cœur de Paris, rue de la Roquette (Jean Genet, alors âgé de 15 ans, y fut incarcéré). Ceux-là n'eurent droit à aucune mansuétude et les lettres qu'ils adressaient à leur famille témoignent de leur calvaire – des missives que les destinataires ne reçurent jamais : l'instituteur en chef conservait celles qui dénonçaient les conditions de détention ; elles ne furent retrouvées qu'après sa mort, dans une malle de sa maison normande.

Ce cas est extrême mais significatif. Il dit, de manière paroxystique, la négation de la parole des enfants dans l'espace public, les conséquences de leur minorité juridique, la privation de droits élémentaires dont les enfants, aujourd'hui encore, sont l'objet.

Ces droits ont pourtant été formulés voici près d'un siècle, à la tribune de la Société des Nations, par Eglantyne Jebb, on l'a dit. Comme Pestalozzi, Makarenko ou Korczak, c'est au contact d'orphelins de guerre, dans les Balkans, pendant la Première Guerre mondiale, qu'elle prend conscience qu'« il est indispensable d'assister les populations civiles et plus particulièrement les enfants et leurs mères tant leur vulnérabilité lui semble évidente[3] ». Nécessité que le grand écrivain George Bernard Shaw, fidèle soutien d'Eglantyne Jebb, résumera d'une formule : « Je ne connais pas d'ennemis de moins de 7 ans. » Elle crée le Save the Children Fund qu'elle promeut en utilisant « une communication ultramoderne pour l'époque. Elle s'associe à un publicitaire et, sur ses conseils, elle achète non seulement des pages entières de journaux mais fait diffuser des photographies poignantes d'enfants décharnés, de mères exsangues[4] ». Puis, en 1923, elle présente la première Déclaration des droits de l'enfant devant la Société des Nations :

« L'enfant doit être mis en mesure de se développer d'une façon normale, matériellement et spirituellement.

L'enfant qui a faim doit être nourri, l'enfant malade doit être soigné, l'enfant arriéré doit être encouragé, l'enfant dévoyé doit être ramené, l'orphelin et l'abandonné doivent être recueillis et secourus.

L'enfant doit être le premier à recevoir des secours en temps de détresse.

L'enfant doit être mis en mesure de gagner sa vie et doit être protégé contre toute exploitation.

L'enfant doit être élevé dans le sentiment que ses meilleures qualités devront être mises au service de ses frères. »

L'approbation est unanime. Le ministre de l'Instruction publique française ordonne « qu'elle soit affichée dans toutes les écoles[5] ». Cette déclaration sera reprise telle quelle par l'Unicef lors de sa création, en 1946, à l'initiative de Ludwik Rajchman, médecin polonais qui eut pour maître le même pédiatre que Korczak (Unicef dont le sigle originel évoque d'ailleurs directement le nom de l'organisme créé par Eglantyne Jebb – United Nations International Children's Emergency Fund).

La notion de droits de l'enfant était également au cœur de l'approche de Korczak, comme l'explique Daniel Halpérin, pédiatre à Genève, président de l'Association suisse des amis du Dr Janusz Korczak : « Le droit à un budget, le droit d'être pris au sérieux, de jouer, de se tromper, d'être encadré, de donner son opinion, d'avoir un secret, de dire un mensonge de temps en temps… On peut ironiser, mais il me semble que tout cela est très actuel et assez emblématique de nos difficultés pédagogiques contemporaines. Korczak était un homme sensé. Pour se construire, un enfant doit aussi pouvoir explorer les interdits et Korczak maniait habilement les paradoxes. S'il ne faut pas laisser la violence s'installer dans une société, il importe néanmoins que l'enfant puisse se bagarrer de temps en temps pour découvrir ses propres limites… Et instaurer des règles autour de la bagarre ! Tu veux te battre avec un copain qui t'a vraiment énervé ? OK, vas-y ! Première règle : tu dois lui annoncer que tu vas te bagarrer avec lui, mais pas tout de suite. Plutôt demain. Deuxième règle : la bagarre sera limitée dans le temps et vous n'aurez pas le droit de taper en dessous de la ceinture. L'air de rien, le pédagogue enseigne aux enfants à maîtriser leur impulsivité et que l'on peut surseoir à l'action immédiate et élever le comportement instinctif à l'échelon supérieur d'un comportement prémédité, programmé et contrôlé[6]. »

Près d'un siècle après la lecture de la Déclaration à la SDN, les progrès demeurent largement insuffisants. À l'orée de la pandémie, l'Unicef rendait public un rapport réalisé avec l'Organisation mondiale de la santé (OMS) et la prestigieuse revue médicale *The Lancet*, intitulé « Un avenir pour les enfants du monde ?[7] » Sa conclusion est sans appel : « Aucun pays ne protège de manière appropriée la santé des enfants, leur environnement et leur avenir. » Le rapport accuse « la dégradation écologique, les changements climatiques et les pratiques commerciales abusives qui poussent les enfants à la consommation d'aliments hautement transformés issus de la restauration rapide, de boissons sucrées, d'alcool et de tabac ». Hélène Clark, ancienne Première ministre de Nouvelle-Zélande qui copréside la commission autrice du rapport, souligne, sans surprise, que les plus fragiles paient le prix le plus lourd : « Environ 250 millions d'enfants de moins de 5 ans dans les pays à revenu faible et intermédiaire risquent de ne pas pouvoir se développer pleinement, d'après les indicateurs relatifs au retard de croissance et à la pauvreté. Mais, ajoute-t-elle, ce qui est encore plus préoccupant, c'est que chaque enfant dans le monde est désormais confronté aux menaces existentielles que

représentent les changements climatiques et les pressions commerciales[8]. » Cibles d'un « marketing nocif », les enfants et adolescents sont, au sens propre, malades de la société de consommation, dans des proportions impressionnantes. « Le nombre d'enfants et d'adolescents obèses, qui était de 11 millions en 1975, est passé à 124 millions en 2016 et a ainsi été multiplié par 11, avec des coûts catastrophiques pour les individus comme pour la société[9]. »

Ce rapport montre que « les décideurs du monde entier font trop souvent défaut aux enfants et aux jeunes : ils ne parviennent ni à protéger leur santé, ni à protéger leurs droits, ni à protéger leur planète », a déclaré le Dr Tedros Adhanom Ghebreyesus, directeur général de l'Organisation mondiale de la santé. « Ce rapport doit servir d'avertissement pour que les pays se décident à investir à l'appui de la santé et du développement de l'enfant, veillent à ce que leur voix soit entendue, à protéger leurs droits, et à construire un avenir qui soit digne des enfants[10]. »

Ce terrible rapport a été rendu public en février 2020. La pandémie a encore aggravé la situation. J'ai déjà cité quelques chiffres, très inquiétants, montrant son impact sur la santé mentale des jeunes. Et, à l'heure où j'écris ces lignes, rien ne nous assure que leur santé n sera pas davantage atteinte – *a fortiori* si des varian venaient à s'attaquer à la relative protection dont l enfants et les adolescents bénéficiaient face aux p mières formes du virus.

Aux menaces environnementales et sanitaires l'influence délétère du « marketing nocif », s'ajou mille autres situations dans lesquelles les enfants

opprimés par ceux-là mêmes qui devraient les protéger. Ce sont les enfants victimes de crimes sexuels commis par leurs responsables spirituels notamment au sein des religions catholique et protestante, et que ces dernières ne combattent que trop mollement, contraintes par la pression croissante de l'opinion. Même si l'histoire de ces crimes trop longtemps taboue incite à la plus grande vigilance, on peut espérer que le récent rapport Sauvé, qui dénonce l'étendue des crimes sexuels dans l'Église catholique (depuis 1950 : entre 2 900 et 3 200 pédocriminels ; plus de 300 000 victimes) et le caractère systémique de ce fléau dans une institution qui a longtemps préféré garder le silence sur ces sujets, serve d'électrochoc et change enfin les choses[11]. Les chiffres qui sortent peu à peu font état, au niveau mondial, de centaines de milliers de victimes depuis les années 1950 (aux États-Unis, 100 000 victimes déclarées pour la seule organisation Boy Scouts of America). Ce sont les victimes du « système de la gymnastique de haut niveau » qui « des années 1970 à aujourd'hui, des Pays-Bas à la Grande-Bretagne et de la Russie aux États-Unis, a dressé, tordu, insulté, humilié, exploité, violé, menacé des centaines d'adolescentes », comme l'écrivait dans *Le Monde* la sociologue Caroline Ibos, après l'abandon spectaculaire de l'athlète américaine Simone Biles lors de la finale par équipes des JO de Tokyo[12]. La jeune femme a expliqué sa décision par son impuissance à « faire face aux démons dans [sa] tête ». « Certains d'entre eux, avance Caroline Ibos, ressemblaient peut-être à Viktor Klimenko, Renald Knysh, Larry Nassar, John Geddert, Bela et Marta Karolyi, Nicu Ceausescu

ainsi qu'à tous ces gens sans visage qui font des jeunes gymnastes la chair de la gloire nationale[13] », égrenant les noms d'entraîneurs qui, de l'ex-Empire soviétique aux États-Unis, ont conçu et mis en œuvre un modèle d'entraînement fait de « maltraitances, coups, insultes, humiliations, abus psychologiques à l'origine de détresse, addictions, désordres alimentaires, dépressions ». Ce qui vaut pour la gymnastique vaut pour bien d'autres activités, artistiques, chorégraphiques par exemple, ou sportives – la natation, notamment. Au-delà des actes individuels qui sont odieux, ce qui est révoltant quand on prend le temps de creuser ces sujets, c'est que l'on découvre que ces institutions violent sciemment les principes du soin et de l'équité dus aux plus vulnérables que sont les enfants. C'est que ces institutions aient caché ces crimes pour éviter le scandale et pour éviter de devoir payer des dommages et intérêts aux victimes et, ce faisant, aient permis que des criminels continuent d'abuser sexuellement de leurs victimes pendant des décennies. Ce sont aussi, je les ai déjà mentionnés, tous les enfants victimes de l'institution qui, par excellence, devrait les protéger envers et contre tout : la famille.

Je n'oublie pas, enfin, que les enfants sont parfois eux-mêmes leurs propres bourreaux, au sein de la famille (inceste entre frères et sœurs) ou en dehors (harcèlement, cyberharcèlement…).

Lutter contre ces violences peut et doit se faire en trois étapes. La première devrait être la prévention mais cela suppose de former tous les acteurs y compris les plus jeunes à leurs droits et les adultes à la nature de ces violences et aux dégâts qu'elles causent.

La deuxième se joue quand les violences surviennent. Cela implique que tous les professionnels qui sont au contact des enfants soient correctement formés à la détection et à la compréhension des indices de ces violences (elles s'exercent sous emprise, ce qui réduit quasiment toujours les victimes au silence, mais elles laissent des traces spécifiques qu'un professionnel pourrait et devrait savoir reconnaître et signaler, même si c'est aujourd'hui trop peu souvent le cas sur ces sujets restés trop longtemps tabous). Ces étapes sont évidemment cruciales et, dans un monde idéal, devraient suffire.

Comme ce n'est pas le cas, la troisième étape se révèle au moins aussi déterminante : identifier les traumas subis et tus pendant l'enfance, qui font de terribles dégâts par la suite.

Ici encore, la réponse, pour être pleinement efficace, doit être systémique : un problème de décrochage scolaire ne renvoie pas ou pas seulement à ce qui se passe à l'école, un problème d'obésité ne renvoie pas ou pas seulement à une question de diététique, etc.

Les États-Unis ont développé depuis vingt-cinq ans une approche qui mérite l'attention autour des *adverse childhood experiences* (« expériences négatives pendant l'enfance », ou ACE). Leur impact a été découvert à la fin des années 1990 par un médecin, spécialiste de l'obésité, Vincent Felitti. Alors responsable du département de médecine préventive à la clinique Kaiser Permanente à San Diego, en Californie, il découvre que la majorité des personnes qu'il interroge ont été victimes d'abus sexuels pendant leur enfance (l'obésité pouvant servir d'armure pour se protéger contre les prédateurs, comme le lui a fait comprendre la première patiente à oser parler). Il en déduit que l'obésité, souvent, est une forme de réaction à des maux qui réactivent le souvenir de ces violences (dépression, anxiété, peur[14]...).

L'identification des ACE s'effectue à partir d'un bref questionnaire, pas très éloigné de celui qu'utilise Fritzi Horstman dans l'expérience « Step Inside the Circle » décrite plus haut, qui permet de détecter des traumas de l'enfance et, le cas échéant, de faire le lien avec des souffrances ou maladies qui se déclenchent par la suite. Il couvre aussi bien les expériences subies de violence, d'abus ou de négligence que le fait d'avoir été témoin de violences au sein de son foyer ou de sa communauté ou celui d'avoir un proche qui s'est suicidé ou a tenté de le faire. Et prend en compte ce qui se passe dans le foyer en matière d'addictions, de maladie mentale, de divorce ou de séjours en prison.

Selon les Centres pour le contrôle et la prévention des maladies (CDC[15]), 61 % des adultes testés dans vingt-cinq pays qui utilisent les questionnaires ACE ont vécu au moins une expérience négative, près d'un sur six en a vécu quatre ou plus. Les femmes et les enfants issus de minorités ethniques sont plus exposés. La prévention de ces expériences aurait pu permettre d'éviter 1,9 million de cas de troubles cardiovasculaires et 11 millions de cas de dépression. Le coût des maladies qui découlent de ces troubles subis dans l'enfance se chiffre en milliards de dollars (il est bien supérieur donc à ce que coûte un programme de prévention, même très ambitieux). Il existe, enfin, une probabilité non nulle de reproduction des abus par les personnes qui en ont été victimes ou témoins : aider les personnes victimes d'ACE revient donc, aussi, à leur montrer ce qui est acceptable ou pas et, en évitant que des victimes ne deviennent à leur tour des bourreaux, à protéger d'autres victimes potentielles.

J'ai plusieurs fois interrogé de jeunes médecins français sur le sujet. Ils m'ont certifié n'avoir jamais entendu parler, au cours de leur formation, de ces études sur les ACE. C'est tragique car on sait pourtant depuis plus de vingt ans qu'elles sont un des facteurs qui prédit le mieux nombre de pathologies qui sont évitables quand on prend en compte ces souffrances subies pendant l'enfance.

La justice doit, elle aussi, apprendre à écouter les victimes. Or, comme le souligne le juge Édouard Durand, « ce qui est le plus important à voir, lorsqu'un enfant est victime d'une personne majeure, c'est l'asymétrie entre l'enfant et l'adulte. L'asymétrie sur le plan du développement physique, entre les corps, entre le développement psychologique et cognitif. Ce que recherche l'enfant, c'est d'abord le bénéfice d'une affection et d'une sécurité, le besoin le plus important des enfants. En cela, le passage à l'acte sexuel de l'adulte, et particulièrement dans sa dimension incestueuse, est une perversion du besoin affectif de l'enfant. Voir les choses de cette manière, c'est voir la gravité extrême de la violence sexuelle incestueuse[16]. » Édouard Durand a tenu ces propos sur France Culture. Vous avez peut-être découvert l'incroyable travail qu'il mène, au quotidien, dans le documentaire *Bouche cousue*, de Karine Dusfour, qui avait été diffusé sur France 2. Elle donne la parole, entre autres, à l'animateur de télé Thierry Beccaro, qui avait déjà témoigné dans une bouleversante vidéo tournée par Brut de son passé d'enfant battu[17]. « Un soir sur deux, un soir sur trois, la moindre petite faute est prétexte à une rafale de coups qui s'abattent sur moi sans que j'en comprenne la raison [...]. Vous êtes recroquevillé dans l'escalier, votre dos est marbré, et votre petite sœur assiste à ça. C'est ça, la maltraitance. »

Qui pour défendre les enfants ? Qui pour les écouter ? Quelles instances pour leur donner la parole ? Qui pour les aider à sortir des cycles de violence, à grandir, à croire en eux, à réussir leur vie ? Et si nous inventions la réponse à ces questions avec eux ?

Permettez-moi de vous inviter à revenir sur ces sujets essentiels dans un chapitre ultérieur situé dans la troisième partie de ce livre et intitulé « Et si nous donnions aux jeunes le droit de demander de nouveaux droits ».

*
* *

Si je me défie depuis le début de la crise sanitaire de l'idée d'un « monde d'après » qui serait radicalement différent de celui que nous connaissions, je crois qu'il existe des points de non-retour dans l'évolution et que l'épreuve à toutes les échelles et simultanée que nous vivons est un de ces points. Fin du monde d'avant, non, mais fin d'un monde, oui, qui nous invite à redéfinir ce qui nous relie.

PARTIE II

ET SI NOUS PRENIONS CONSCIENCE DE NOTRE INTERDÉPENDANCE

La distanciation sociale n'aura pas lieu

– 1 –

ET SI NOUS PRENIONS CONSCIENCE

Deux des grandes spécificités de notre espèce sont, d'une part, d'être dotée d'une conscience, d'autre part d'avoir développé des compétences sociales et de coopération particulièrement intenses. Un gorille pourra l'emporter sur un homme. Cent gorilles échoueront face à autant d'hommes car ces derniers sauront plus et mieux communiquer, s'organiser, interagir. La capacité à coopérer à des échelles toujours plus importantes a été une clé essentielle de la survie et de la croissance de l'espèce humaine.

Cette capacité répond à un besoin. Des centaines de millions d'entre nous l'ont vérifié lors des premiers confinements, les plus rigoureux, ceux d'avant les masques, tests, gel hydroalcoolique et vaccins. Privés de liberté et de rapports humains directs, nous avons inventé mille stratégies et ersatz pour maintenir des liens avec nos semblables.

Le numérique et les réseaux sociaux ont pu constituer, pour certaines personnes et activités, une béquille salvatrice, autorisant le télétravail à grande échelle, l'enseignement à distance ou « hybride », et quelques salutaires apéros virtuels. Ils ont à l'évidence facilité l'acceptation des contraintes liées au confinement, et permis d'atténuer les effets sociaux de la distanciation physique. Le recours massif aux services en ligne a aussi rempli les poches des grandes entreprises du numérique, dont les algorithmes se nourrissent goulûment de chacun de nos clics pour affiner leur compréhension de nos désirs et de nos comportements, et pour nous inviter à consommer toujours plus. Et sans aucun doute accru les effets pervers associés à la fréquentation des réseaux sociaux, notamment en matière d'estime de soi, sur lesquels livres et documentaires alertent depuis des années et qui aujourd'hui sont dénoncés dans les « Facebook Files » comme le produit d'une politique délibérée d'une entreprise plus soucieuse de ses profits que de la santé des utilisateurs ou de nos démocraties.

La psychologue et anthropologue américaine Sherry Turkle, professeure au MIT, scrute depuis vingt ans notre rapport aux réseaux, pour s'inquiéter de la solitude dans laquelle ils nous plongent (son premier livre traduit en français s'intitulait d'ailleurs *Seuls ensemble*[1]). « Nous cherchons à valider notre existence sur les réseaux sociaux, explique-t-elle. Nous perdons la capacité d'être seul, vantée par le psychanalyste Donald Winnicott (1896-1971), et nous souffrons de la solitude, car, en ligne, les autres ne sont pas vraiment avec nous. C'est une manière très fragile de se construire, qui ne s'appuie pas sur une présence à soi[2]. » Le documentaire *Derrière nos écrans de fumée* (*The Social Dilemma*, en VO), sur lequel nous reviendrons, donne également la parole à d'anciens cadres « repentis », ex-apprentis sorciers du numérique. Parmi eux, Tim Kendall, ancien patron du site de partage de photos Pinterest, n'y va pas par quatre chemins : « Ces services tuent. Ils provoquent des suicides. » D'autres lanceuses et lanceurs d'alerte comme Frances Haugen et un ancien salarié encore anonyme ont dévoilé les pratiques pour le moins laxistes de Facebook en matière de lutte contre la désinformation sur sa plateforme[3]. L'épreuve des confinements a été spécialement âpre pour celles et ceux qui vivent seuls. La distanciation physique s'est muée en distanciation sociale, et cette privation a généré des troubles dont les effets se sont très rapidement fait sentir. Tous les indicateurs se sont rapidement dégradés. 21 % des personnes interrogées se déclaraient en « état dépressif » à l'automne 2020 (contre 10 % en période « normale ») d'après une enquête nationale de Santé publique France[4]. Le taux monte à 29 % pour les inactifs et les jeunes (18-24 ans) et à 35 % pour les personnes en situation financière très difficile. C'est tout aussi grave au niveau international. Selon l'étude COH-FIT (Collaborative Outcomes Study on Health and Functioning During Infection Times[5]), menée dans quarante pays, « la crise a augmenté le niveau de stress, la sensation de solitude ou de colère, en particulier chez les femmes et les jeunes : 27 % des femmes ressentent un stress accru (contre 14 % des hommes) et 23 % rapportent un sentiment de solitude plus important (contre 12 % des hommes). Un jeune sur quatre indique aussi ressentir une plus grande solitude[6] ».

En France, nous payons, collectivement, des années de sous-investissement dans la santé mentale en général, dans celle des jeunes en particulier, ce qui est non seulement tragique pour les malades et leur entourage, mais absurde sur le plan économique, sachant que « le retour sur investissement dans la recherche en psychiatrie, estimé à 37 %, est le plus important de tous les domaines de la santé[7] ».

L'on voit bien ici se dessiner la double crise qui menace : psychiatrique et sociale.

Elle a d'une certaine façon commencé dans le courant de l'année 2021 avec les manifestations contre le passe sanitaire et la vaccination, qui ont agrégé au cœur de l'été des dizaines de milliers de personnes, en des rassemblements hétéroclites irrigués par les deux extrêmes, par des Gilets jaunes mais aussi par des personnes sans attache politique ou militante particulière. Leur point de convergence : la défiance. À l'égard du gouvernement, des médias, de la science… La violence verbale, banalisée par les réseaux sociaux, y est courante – les cibles des manifestants sont qualifiées de « collabo », « SS », « assassins » ; la France de « dictature » (ce qui, quoi qu'on puisse penser de la politique menée par le gouvernement, est une offense pour toutes celles et ceux qui vivent, effectivement, sous le joug de dictatures, et rêveraient de jouir même d'une fraction de nos libertés).

Si je me force à voir le bon côté des choses, la cristallisation de ces mécontentements et leur expression sous forme de manifestations témoignent, elles aussi, du besoin que les individus ont eu de se retrouver, et de se retrouver physiquement.

Ce besoin est irrépressible et hautement bénéfique. Notre corps est programmé pour se sentir mieux lorsque nous avons des interactions positives avec autrui. Cela a été mis en évidence de manière spectaculaire par le psychologue canadien Bruce K. Alexander, qui a mené en 1978 une expérience connue sous le nom de « Rat Park » et dont les résultats ont été publiés en 1981. Jusque-là, la dépendance aux drogues ou à l'alcool était exclusivement attribuée à la présence de composants addictifs dans les produits consommés. Cette croyance se fondait sur des expériences menées dès les années 1930 sur des rats (animaux souvent utilisés pour réaliser des expériences sur la santé humaine, car les gènes humains associés à des maladies ont leur équivalent dans le génome du rat). On enfermait un rat dans une cage et on lui proposait deux récipients, l'un d'eau, l'autre d'eau additionnée de morphine. Assez vite, les rats qui avaient goûté à la morphine devenaient dépendants.

Bruce K. Alexander a eu l'idée de créer des « parcs » pour une vingtaine d'individus, avec espaces de jeux (roues, balles, etc.), zones permettant les accouplements, et nourriture de qualité. Deux récipients proposaient toujours de la boisson dont un breuvage enrichi de morphine. Les résultats sont impressionnants : « Contrairement aux rats en confinement solitaire, les rats du Rat Park consommaient 19 fois moins de liquide à base de morphine au cours d'une expérimentation ; résistaient à la morphine et préféraient de loin l'eau du robinet ; choisissaient l'eau du robinet dès qu'ils quittaient leur cage, même s'ils s'étaient habitués à la morphine pendant 57 jours ; ont toujours démontré, malgré les différents tests, un état de dépendance inférieur à ceux des rats élevés seuls en cage[8]. »

La dépendance est donc autant mentale que physique, et le sentiment de solitude, l'isolement émotionnel, reproduit en quelque sorte la cage physique du rat solitaire, et emprisonne le toxicomane ou l'alcoolique dans une douleur que la drogue ou l'alcool atténuent.

Les circuits qu'empruntent les addictions dans notre cerveau amènent à produire de la dopamine, qu'on appelle vulgairement la « molécule du plaisir ». Comme le plaisir sexuel. Mais aussi comme des interactions sociales de qualité. Multiplier les expériences sociales plaisantes rend heureux.

Cela permet aussi de prévenir anxiété et dépression ou de les traiter, comme l'a montré avec humour et force de conviction le journaliste Johann Hari, lui-même victime de dépression dès l'enfance, notamment dans un livre paru en 2018[9] et au cours de conférences TED données en juin 2015 et en juillet 2019 et vues au total près de trente millions de fois. Il y raconte entre autres la vaste enquête qu'il a menée à travers le monde (64 000 kilomètres parcourus) pour comprendre ce qui cause la dépression et l'anxiété, maux dont nous souffrons bien plus qu'il y a un demi-siècle.

Il a distingué neuf causes différentes qui peuvent le plus souvent se soigner sans recourir à la chimie, puisque deux seulement sont liées à notre biologie. Les sept autres renvoient, au sens large, à nos modes de vie. Solitude. Déconnexion avec la nature. Travail aliénant. Malbouffe. Dépendance aux « Likes » sur Instagram. En dépit des apparences, « nous sommes, dit-il, la société la plus esseulée de l'histoire humaine. Une étude récente a demandé aux Américains :

"Avez-vous l'impression de ne plus être proche de quiconque ?" Et 39 % des gens ont déclaré que cela les décrivait ».

La solution ? « Arrêtons de dire aux gens : "Sois toi-même." Disons-leur plutôt : "Soyons nous." » Il cite à l'appui de nombreux exemples, dont celui des « ordonnances sociales » – lorsqu'un médecin ne prescrit pas ou pas seulement un traitement chimique mais aussi une activité sociale, comme la participation à un jardin partagé.

Investir dans ce qui produit du sens, dans ce qui crée du lien social. Ce vœu peut sembler pieux, il renvoie pourtant à des politiques publiques très concrètes, aussi bien au niveau national (améliorer le système de santé, la formation des professionnels du *care*, concevoir des programmes scolaires qui éduquent à l'écoute de soi et des autres…) qu'au niveau local (rendre accessibles physiquement et économiquement des espaces sociaux, sportifs, naturels ou culturels où l'on pourra faire ensemble, soutenir les associations dans tous ces domaines…).

On crée ainsi les conditions de la prise de conscience d'un « soi collectif ». Le psychologue Jacques Lecomte, dans *Donner un sens à sa vie*[10], explique, à partir d'exemples puisés dans des témoignages d'anonymes ou dans la biographie de personnes célèbres, comment se construit un équilibre qui articule qualité de la vie relationnelle, engagement et sens de la vie. Lui aussi insiste sur le lien « entre une vie riche de sens et une bonne santé mentale et physique. Par exemple, les gens ayant un niveau élevé de sens de la vie sont plus joyeux, moins anxieux, moins dépressifs et moins hostiles que ceux avec un niveau plus faible de sens[11] ».

Nous trouvons plus de sens dans un collectif que seuls. Quand nous faisons quelque chose qui nous dépasse et bénéficie à d'autres qu'à nous. Quand nous menons des activités qui font appel à la créativité et pas seulement à la routine.

De ce point de vue aussi, la pandémie a joué un rôle de révélateur. Si l'enjeu de la « quête de sens » au travail s'était déjà imposé dans le débat avant 2020, les effets conjugués des confinements et du télétravail l'ont rendu encore plus aigu. Une enquête réalisée fin 2020 le mesure : 42 % des salariés interrogés expliquent que leur travail leur plaît moins qu'auparavant, 35 % que la crise leur a fait comprendre qu'il n'a pas de sens pour eux et 49 % indiquent rester dans leur entreprise faute de trouver mieux[12]. Là aussi, la question du lien aux autres se révèle névralgique. « Les salariés ont eu plus de difficultés à "se sentir reconnus pour les efforts fournis, estime le sociologue Marc Loriol, chercheur au CNRS, cité par *Le Monde*. Lorsqu'on est privé de socialisation, il est plus dur de ressentir que ce que l'on fait est utile, intéressant et d'en être fier[13]". » Avant la crise sanitaire, un autre chercheur, Patrice Flichy, reliait cet affaissement du « sens » à « l'intensification de la concurrence » : « On n'a plus le temps de bien faire les choses. Or on sait que c'est une dimension essentielle de l'investissement dans le travail[14]. » Plutôt que de « sens », il préfère parler « d'investissement ou d'engagement dans le travail ».

Jamais des intérêts divergents n'ont à ce point convergé pour changer le monde du travail. Les consommateurs demandent des produits ou des services plus respectueux de la planète ; les salariés demandent des conditions de production plus épanouissantes ; la finance également commence à comprendre que si elle continue d'investir dans des activités qui affectent le climat et la biodiversité, elle se condamne, à terme, à la ruine.

Comment accélérer encore cette prise de conscience, individuelle et collective ?

Bien avant la pandémie, nous nous étions passionnés avec quelques collègues et étudiants du CRI pour la notion japonaise d'*ikigaï*. Elle propose un mode opératoire pour tenter de trouver son point d'équilibre intime, sa « raison d'être », à l'intersection de ce qu'on aime, de ce qu'on sait faire, ou peut apprendre à faire, de ce dont le monde a besoin (ce qui aide à trouver du « sens » tout en contribuant à la durabilité de notre monde et aux besoins des autres) et des ressources dont on a besoin pour agir et vivre (y compris le salaire). Cela invite – et oblige – à questionner ses émotions, en positif (« j'aime ») comme en négatif (« je n'aime pas »), les deux étant potentiellement porteuses de changement personnel mais aussi social – les révolutions naissent quand la somme des « je n'aime pas » devient intolérable pour un grand nombre de personnes.

À l'invitation de Mathieu Baudin, fondateur de l'Institut des Futurs souhaitables, j'ai pu partager sur son podcast quelques réflexions et questionnements à ce sujet[15]. Quel serait le *wekigaï* – le lieu de la réalisation collective, le bien commun pour lequel nous pourrions nous mobiliser – de nos sociétés ?

Comment « conscientiser » nos trajectoires collectives afin de choisir les plus souhaitables ? Comment éviter que la somme de nos égoïsmes nous précipite dans le gouffre ? Peut-on identifier les besoins et les ressources de chacun et permettre à tous de trouver son *ikigaï* ? Serons-nous un jour capables de définir collectivement ce que serait un *ikiGaïa* qui prendrait en compte les besoins et les ressources de chaque être vivant sur cette planète ?

Ces questions sont complexes par nature. Y répondre ne renvoie pas seulement au délitement du politique, à la défiance à l'endroit des instances qui sont censées nous fédérer et décrire la réalité (le politique, la science, les médias…). Elles impliquent de tenter d'être capable d'embrasser le tableau complet de notre évolution, la *big picture* comme disent les Américains, de relier les lois de la physique, de la biologie, de l'évolution, et les grandes tendances qu'identifient et racontent l'anthropologie, l'histoire, la sociologie, les sciences politiques…

Nous n'y sommes pas préparés. Nous avons appris à penser en découpant le savoir en rondelles, une heure d'histoire après une heure de physique, une date à mémoriser après une formule à retenir, et ainsi de suite. L'audience massive gagnée en quelques années par Yuval Noah Harari et son *Sapiens*[16] montre à quel point nous savons que nous avons besoin d'autres récits pour embrasser la complexité de notre monde. C'est également ce que propose la *Big History*, avec une ampleur encore plus spectaculaire – quand Harari commence son ouvrage en décrivant notre arrivée sur Terre, il y a quelques dizaines de milliers d'années, la

Big History remonte, elle, plus de treize milliards d'années en arrière, au Big Bang. L'historien David Christian en est un des hérauts. Il est passé de l'étude de la paysannerie russe au XIXe siècle à celle des lois de Goldilocks – « Boucle d'or », en français, comme dans le conte *Boucle d'or et les trois ours*.

Ces règles décrivent les étapes qui ont permis à la vie d'émerger puis aux différents stades de l'évolution de se produire, lorsque les conditions d'un juste équilibre étaient réunies (tout comme, dans le conte, le gruau ne doit être ni trop chaud ni trop froid pour que Boucle d'or puisse le manger ; l'histoire aurait été tout autre si certaines conditions n'avaient pas été remplies pour permettre notre évolution, et nous ne serions pas là pour l'apprécier). Le propos de la *Big History* est, selon les termes de David Christian, « de nous montrer la nature de notre complexité et notre fragilité[17] », mais aussi notre pouvoir extraordinaire, en tant que seule espèce ayant poussé « l'apprentissage collectif » à un stade aussi développé. Je trouve qu'une des belles manières d'illustrer à la fois nos apprentissages collectifs et la *Big History* est de regarder par exemple la vidéo faite par les élèves de Philippe Frasseto en Corse pour expliquer aux petits et grands notre grande histoire commune[18].

Les récits nationaux, eux-mêmes construits pour souder la société, sur lesquels nous nous appuyons pour transmettre aux jeunes l'héritage de notre histoire, ne suffisent pas à embrasser la complexité de notre monde. Ils ne se situent pas à la bonne échelle. Il faut leur adjoindre des récits à la fois plus amples et plus systémiques, briser les silos entre disciplines comme l'ont fait David Christian ou Jared Diamond dans *De l'inégalité parmi les sociétés*[19], dont le titre anglais est bien plus évocateur : *Guns, Germs, and Steel : The Fates of Human Societies* (« Des armes, des germes et de l'acier. Le destin des sociétés humaines »). Partant de la question « Pourquoi les Occidentaux dominent le monde ? », il propose une analyse au long cours (depuis la fin de l'ère glaciaire) qui articule des savoirs construits en géographie, biologie, histoire, économie, histoire des techniques, anthropologie, etc., et montre comment des conditions géologiques et physiques particulières ont offert à l'Eurasie un avantage concurrentiel décisif, permettant à des habitants de découvrir l'acier, de fabriquer des armes, et de développer une meilleure immunité face aux microbes transmis à l'homme par les animaux avec la domestication de certaines espèces animales et la naissance de l'élevage.

Ces approches sont essentielles pour nous aider à affronter la formidable accélération que nous vivons depuis que nous avons appris à domestiquer les plantes et les animaux (avec les impacts collatéraux que nous connaissons aujourd'hui).

Pendant des millénaires, nous avons vécu dans des tribus, à échelle de villages et de communautés où, peu ou prou, tout le monde se connaissait. C'est dans ce contexte de petites communautés humaines que sont nées des valeurs comme l'équité, la réciprocité, la sollicitude (le fameux *care*) qui sont centrales dans les valeurs qu'évoque Jonathan Haidt que je citais en introduction. Notre cerveau, notre système biologique viennent de cette longue histoire évolutive ; notre psychologie et nos gènes ont évolué dans cet environnement. Nos institutions politiques et nos systèmes économiques aussi. À l'échelle de l'histoire du vivant, le passage de ces communautés à l'interconnexion globale – par les transports, par Internet... – s'est effectué en un clin d'œil. Nous jouissons de capacités que les humains d'il y a quelques centaines d'années seulement – sur une histoire infiniment plus longue – attribuaient à la magie ou aux dieux : voyager dans les airs, savoir et voir ce qui se passe, en direct, à l'autre bout du monde, communiquer à distance, etc.

Prendre conscience de notre (destin) collectif, c'est comprendre tout cela. Comprendre que pour la première fois dans l'histoire (la « *big* », celle des temps longs), nous avons le pouvoir de décider de modifier le vivant (avec la génomique), de créer des intelligences artificielles, d'inventer de nouvelles formes de vie. Nous pouvons simuler différents scénarios, peser comme jamais sur l'avenir de la planète et du vivant. Nous sommes les premiers à pouvoir choisir notre évolution – ce que le penseur australien John Stewart appelle « l'évolution intentionnelle » dans son « Evolutionary Manifesto » (« Manifeste de l'évolution[20] »). C'est vertigineux, même pour quelqu'un comme moi qui a étudié l'évolution. Il s'agit là d'une responsabilité collective qu'il ne faut pas laisser à quelques transhumanistes férus de technologies. Pour nous interroger sur ce que nous voulons, il est nécessaire de comprendre d'où nous venons, où nous sommes et qui nous sommes.

Et si nous étions une grande famille ?

– 2 –

ET SI NOUS ÉTIONS UNE GRANDE FAMILLE

Une bonne façon de prendre conscience du monde consiste à remonter à nos origines communes, et à retracer la façon dont se sont construites et organisées nos interdépendances. L'expérience est aisée à réaliser, aujourd'hui encore, à l'échelle de certains villages. Dans celui dont ma famille est originaire, en Corse, nous sommes tous plus ou moins cousins. Nous parvenons encore à le voir en remontant les arbres généalogiques sur une quinzaine de générations.

Les analyses d'ADN, qu'elles soient le fait de chercheurs du service public ou proposées au grand public par certaines entreprises internationales (les tests de ces acteurs privés qui veulent marchandiser nos génomes sont interdits en France), permettent également de prendre conscience de ce qui nous relie, parfois, à des personnes vivant au bout du monde, ou dans des régions avec lesquelles nous n'imaginions pas avoir le moindre lien.

On peut décliner l'expérience à une échelle encore plus spectaculaire, en pistant les gènes dans différents organismes (et pas seulement chez l'humain). C'est ce qu'a fait le microbiologiste américain Carl Woese à la fin des années 1970 en traquant des séquences d'ARN ribosomique (acide ribonucléique), molécule dont vous êtes sans doute plus familier depuis quelques mois et la commercialisation de vaccins dits « à ARN messager ». Woese et d'autres biologistes sont partis à la recherche du plus récent organisme dont sont issues toutes les espèces vivant actuellement sur Terre. Il aurait existé voici plus de trois milliards d'années. Il a été baptisé du doux nom de Luca (acronyme de *last unknown common ancestor* – ou, en français, « dernier ancêtre commun universel », DACU).

Luca n'est pas le premier organisme vivant. Relativement complexe, il est lui-même issu de combinaisons antérieures. Mais il est, en quelque sorte, notre « parent » commun, celui dont sont issues les trois familles du vivant que sont les archéobactéries, les eubactéries et les eucaryotes, organismes pluricellulaires dotés d'un noyau dont font partie les champignons, les plantes et les animaux. Cette longue et passionnante histoire a notamment été racontée par Richard Dawkins dans *Il était une fois nos ancêtres*[1], ouvrage dédié au généticien John Maynard Smith, qui fut un de mes mentors. Il en résume l'essentiel en ces termes : « Toutes les espèces sont issues d'une seule et même forme de vie et se transforment, peu à peu, en vertu d'une sélection naturelle qui profite au plus adapté. Pour Darwin, l'individu qui survit est le plus "apte", sa descendance hérite de ses traits les plus forts, comme le bec le plus pointu, les yeux les plus perçants… Mais Darwin ignorait tout des gènes. Or c'est à ce niveau, en réalité, que s'effectue la sélection. Nous portons en nous tous les gènes qui ont aidé nos ancêtres à survivre. Il y a comme une passoire, au travers des générations, qui fait que seuls les bons gènes perdurent, et les autres disparaissent[2]. »

Tous les êtres humains sont donc biologiquement très proches à l'aune de l'évolution.

Les premiers grands récits collectifs dont les humains se sont dotés portent témoignage d'une sorte de protoconscience de notre cousinage. Le livre de la Genèse consiste en un long récit généalogique qui s'ouvre par l'histoire (supposée) d'Adam et Ève, qui sont un peu les Luca de la culture judéo-chrétienne, et que l'on retrouve, quelques siècles plus tard, dans le Coran. Les religions du Livre placent la notion de fraternité au cœur de leur message. Comme l'indique le philosophe Souleymane Bachir Diagne, « les trois religions abrahamiques ont à la fois cette notion d'une communauté qui est une communauté religieuse et d'une fraternité qui est une fraternité en humanité[3] ». D'autres religions empruntent le même terme, à commencer par le bouddhisme, pour qui nous sommes tous reliés en vertu du fait que nous faisons tous partie de la même force cosmique. Cette façon de désigner ce qui nous relie n'a rien d'anodin. L'idée de « fraternité républicaine », inscrite au fronton de nos édifices publics dans le triptyque *Liberté, Égalité, Fraternité* renvoie également à cette longue histoire. Tout comme le choix du mot « patrie » (dérivé de *pater* – le père) pour désigner la terre et, par extension, la communauté à laquelle on se rattache « naturellement ». Edgar Morin, on l'a dit, parle d'ailleurs de « notre Terre-Patrie » : « Il n'y a plus de salut garanti mais on peut énoncer un évangile de la perdition. Nous voici sur la minuscule pellicule de vie entourant la minuscule planète perdue dans le gigantisme univers. Cette planète est pourtant un monde, le nôtre. Nous découvrons les secrets de notre arbre généalogique et de notre carte d'identité terrienne, qui nous font reconnaître notre matrie terrestre au moment où les sociétés éparses sur le globe sont devenues interdépendantes et où se joue collectivement le destin de l'humanité. La prise de conscience de la communauté de destin terrestre doit être l'évènement clé de la fin du millénaire. Nous sommes solidaires dans et de cette planète. C'est notre Terre-Patrie[4]. »

Les grands récits mythiques ou religieux qui racontent notre histoire commune, structurés autour de l'idée de famille, font ainsi écho à des mécanismes biologiques primitifs. Des chercheurs comme John Maynard Smith peuvent décrire comment nous sommes les héritiers de différents niveaux de coopération, d'abord entre molécules puis dans des entités de plus en plus complexes, jusqu'à l'espèce humaine. Se sacrifier pour des membres de sa famille, si cela accroît ses chances de survie, peut renvoyer au comportement des bactéries, capables de coopérer pour survivre et s'adapter. En sacrifiant certains individus pour assurer la survie de leurs gènes, tout se passe comme si la sélection naturelle ne conservait que les génomes ayant optimisé un rapport coût/bénéfice pondéré par les relations de parenté. De nombreuses espèces, dont les fourmis et les abeilles, fonctionnent de la même façon.

Il y a le même ressort biologique dans certains de nos comportements, dans ce que les spécialistes appellent la *kin selection* (« sélection de parentèle »). Plus on se sent apparenté à un autre individu, plus on sera enclin à avoir un comportement altruiste à son égard. La plupart d'entre nous font plus facilement des sacrifices pour nos enfants que pour des cousins, pour des cousins que pour des proches, pour des proches que pour de simples connaissances, qui seront préférées à de parfaits inconnus, etc. Protéger les siens, c'est au départ protéger ses gènes. Comme chez les bactéries et les abeilles. Ce mécanisme biologique s'est renforcé et étendu, dans les sociétés humaines, par la coopération, la réputation, la culture, la politique, les lois…

Le *care* en est un héritier direct.

Depuis que nous ne vivons plus en tribus de quelques dizaines d'individus, le défi a été progressivement d'étendre cet instinct de fraternité, né entre parents biologiques, à l'ensemble de ceux avec qui nous interagissons, voire à l'ensemble des êtres humains et même des êtres vivants puisque nous sommes tous interdépendants.

Nous avons inventé pour cela mille ruses et attitudes à différentes périodes de notre histoire. Pour identifier en qui nous pouvons avoir confiance. Pour nous assurer de la réciprocité de ce sentiment. Cela restait relativement aisé dans des petites tribus. Ou chez les primates. Je t'épouille, tu m'épouilles en retour, nous savons que nous pouvons compter l'un sur l'autre.

Le langage a pris le relais. L'anthropologue britannique Robin Dunbar attribue son développement, entre autres, à la nécessité de savoir en qui avoir confiance. Il permet de communiquer sur la réputation des autres, de communiquer à plus large échelle, de faire confiance à des individus que je n'ai pas le temps d'épouiller. Les systèmes de recommandation qui se sont développés dans le monde professionnel puis sur Internet et les réseaux sociaux (les « Likes ») ne sont rien d'autre qu'un avatar mondialisé et marchandisé de ce besoin de reconnaissance par les autres.

Le langage a aussi – surtout – permis, dès que les groupes humains ont dépassé une taille critique, d'inventer de nouvelles façons de gérer la vie en société, en créant des récits collectifs, qui donneront naissance à des philosophies et à des religions. Le philosophe allemand Karl Jaspers situe une première bascule entre -800 et -200 avant J.-C., période qu'il a baptisée « l'ère axiale », au cours de laquelle il relève la cristallisation simultanée, dans des zones éloignées de la planète, de religions et philosophies nouvelles. L'anthropologue David Graeber a par la suite ajouté au tableau l'apparition de la monnaie, contemporaine de l'ère axiale[5]. Si la monnaie permet, bien plus que le troc, l'échange à des dimensions sans précédent, à l'époque ce n'est qu'une des trois manières de structurer nos collectifs, ils peuvent aussi être organisés par la contrainte (qui domine par exemple quand on est enrôlé de force dans les armées ou comme esclave), ou par la volonté commune de contribuer au collectif (familial ou communautaire).

Robin Dunbar a tenté d'évaluer le nombre d'individus avec lesquels on peut maintenir une « relation stable », nombre qui, selon lui, est proportionnel à la taille du néocortex. Ses calculs aboutissent à un nombre moyen de cent cinquante (le « nombre de Dunbar »), dont il a vérifié la validité non seulement en extrapolant des études sur les primates et les chasseurs-cueilleurs mais également sur les utilisateurs de Facebook. C'est aussi pour savoir qui sont nos semblables, pour distinguer à qui nous pouvons faire confiance, que nous passons autant de temps à parler les uns des autres, à échanger des potins. Pour cela encore que la notion de « réputation » est aussi importante dans les relations sociales – et, *a contrario*, la « mauvaise réputation » aussi dommageable.

La question se corse, bien sûr, quand on doit décider de faire (ou pas) confiance à un inconnu. Comment savoir, instantanément, si on peut se fier à lui ? Une expérience fameuse de la théorie des jeux plaide en faveur de la coopération. Elle est connue sous le nom de « dilemme du prisonnier ». Le mathématicien Albert W. Tucker, qui l'a inventée dans les années 1950, la décrit ainsi : « Deux suspects sont arrêtés par la police. Mais les agents n'ont pas assez de preuves pour les inculper, donc ils les interrogent séparément en leur faisant la même offre : “Si tu dénonces ton complice et qu'il ne te dénonce pas, tu seras remis en liberté et l'autre écopera de dix ans de prison. Si tu le dénonces et lui aussi, vous écoperez tous les deux de cinq ans de prison. Si personne ne dénonce l'autre, vous aurez tous deux six mois de prison.” »

Rationnellement, chacun a intérêt à dénoncer l'autre, même s'il n'a rien fait, pour ressortir libre. Le problème est que si les deux se dénoncent mutuellement, les deux prennent cinq ans de prison. Faire confiance à l'autre est donc la solution la plus « rentable », puisqu'elle aboutit certes à une condamnation, mais nettement moindre que si les deux se dénoncent.

Les systèmes politiques tentent d'organiser cette coopération à grande échelle (très grande, même, si l'on songe aux Nations unies) et punissent celles et ceux qui rompent l'équilibre et la réciprocité recherchés. Certains le font en essayant de susciter une adhésion volontaire (les démocraties), d'autres par la contrainte (les régimes autoritaires). Mais en un sens, l'objectif est identique : l'individu est censé se soumettre à des comportements réputés (à tort ou à raison) meilleurs pour le groupe. Ce mécanisme justifie aussi bien des attitudes empathiques, par exemple les systèmes de solidarité pour aider les plus pauvres ou les plus fragiles, que des attitudes agressives, comme entrer en conflit avec des groupes réputés menacer l'intégrité ou l'identité du groupe auquel on appartient. Quelques règles quasi universelles existent d'ailleurs, que l'on retrouve pour beaucoup dans les dix commandements, comme les interdits du meurtre, de l'inceste, du mensonge…

Le jeune historien néerlandais Rutger Bregman va plus loin. Il tente de démontrer, dans *Humanité. Une histoire optimiste*[6], que « la plupart des gens sont bons ». Selon lui, « les humains ne cherchent pas à s'entre-déchirer au premier drame, au contraire, en général ils s'entraident, ils se montrent altruistes, ils fraternisent[7] » – ce qui s'est vérifié en bien des occasions au printemps 2020, lors de la phase la plus dure du confinement. Mais ces attitudes « sont en fait si prégnantes, si enracinées en nous, si intimement liées à la nature humaine que nous n'y prêtons plus attention ». Choisissant Rousseau contre Hobbes, il multiplie les exemples de comportements altruistes dans des circonstances inattendues. Pourquoi, alors, tant de haine ? Car, selon lui, « on fabrique ce que l'on suppose chez l'autre – notre vision de la nature humaine est bien souvent une prophétie autoréalisatrice. Si nous construisons nos institutions autour de l'idée que les gens sont égoïstes, nous ne devrions pas nous étonner si les gens se comportent ainsi[8] ». Construisons des cadres de confiance, et la bienveillance naturelle des humains l'emportera. Son espoir : « Nous arrivons à la fin d'une période qu'on peut appeler "l'âge néolibéral" et à la fin de la croyance selon laquelle il faudrait baser nos institutions sur l'idée que les hommes sont égoïstes. »

La crise sanitaire que nous traversons depuis 2020 nous rappellera-t-elle qu'au-delà de nos différences et divergences nous appartenons tous à une seule et même grande famille, lointaine descendante de Luca ? La crise climatique nous fera-t-elle prendre conscience que nous sommes liés les uns aux autres du simple fait que nous naviguons en commun sur un « pâle point bleu » perdu dans le cosmos (pour reprendre l'expression « *pale blue dot* » de l'astronome Carl Sagan, qui désigna en ces termes le minuscule point qui, sur une photo prise en 1990 par la sonde *Voyager* à 6,4 milliards de kilomètres, représente la Terre) ?

Même si l'actualité se nourrit de guerres et de conflits, jamais notre espèce n'a simultanément coopéré à une échelle aussi grande. Les flux d'information, de services, d'aliments ou de produits sont permanents et mondiaux. Lorsque vous consultez Wikipédia sur votre smartphone, vous bénéficiez d'un cocktail de savoirs et de techniques produits par des coopérations à l'échelle planétaire.

Pour le meilleur et pour le pire, notre solidarité et notre interdépendance sont plus fortes qu'elles n'ont jamais été. Que ces flux s'interrompent et nos vies quotidiennes, nos expériences en quelque sorte les plus immédiates, en sont entravées – nous l'avons expérimenté avec la crise sanitaire, notamment au début des confinements, quand nous avons, pour beaucoup, découvert que certains objets (masques) ou produits (gel hydroalcoolique) ne nous seraient pas aisément accessibles car ils dépendaient de mécanismes mondiaux d'échange et de production.

Aujourd'hui, « la masse de l'ensemble des objets solides inanimés fabriqués par l'homme est désormais supérieure à celle du vivant[9] », comme l'explique le physicien Joël Chevrier, reprenant une étude du Weizmann Institute of Science (Israël) publiée fin 2020 dans la revue *Nature*[10]. « Cette quantification à partir de sa masse de l'entreprise humaine donne une caractérisation quantitative et symbolique de l'époque de l'anthropocène induite par l'homme. » Si cette croissance se poursuit au même rythme, la masse dite « anthropogénique » (produite par l'activité humaine) aura encore triplé d'ici à 2040. « Voitures, avions, machines domestiques, outils numériques ont envahi le monde à une vitesse incroyable. Et cette progression se poursuit, à un rythme proprement insoutenable pour les générations futures[11] », conclut Joël Chevrier.

Je sais que les vents contraires sont puissants. Ceux que soufflent les hostilités parfois ancestrales, les désirs de vengeance qu'avivent les néo-obscurantistes qui manipulent pour attiser la haine et asseoir leur pouvoir. Ceux qui se nourrissent de l'avidité, qui veulent accumuler toujours plus d'argent et de biens, et soustraire leurs richesses incommensurables aux impôts et aux taxes, creusant des inégalités qui deviennent chaque année plus spectaculaires et intolérables. Là aussi, la Covid a un terrible double effet de loupe et d'accélération. Selon l'ONG Oxfam, « les milliardaires ont retrouvé le niveau de richesse qui était le leur avant la pandémie en seulement neuf mois, alors qu'il faudra plus de dix ans aux personnes les plus pauvres pour se relever des impacts économiques du coronavirus[12] ». Le « virus des inégalités » (titre du rapport dont est extraite cette phrase) est au moins aussi délétère et potentiellement aussi létal que le SARS-CoV-2.

La tendance à vouloir capitaliser sur ce qui peut nous être utile à l'avenir est inscrite dans notre histoire. Elle répond à un besoin facile à comprendre : se protéger et protéger ses proches contre les aléas. Mais quand on a de quoi léguer à ses descendants des milliers de fois plus que ce dont ils auront besoin dans leur vie, on peut se demander si, comme certains milliardaires l'ont fait en signant le serment de donner dans la campagne « The Giving Pledge » initiée par Bill Gates[13], il ne serait pas temps de redistribuer, d'autant que les inégalités attisent rancœurs et violences, ce qui accélère la dégradation de notre environnement commun.

Notre force, en tant que grande famille humaine, est d'avoir les capacités de réflexivité qui nous permettent de formuler ces enjeux, d'en percevoir l'ampleur, de les penser, avec l'appui des sciences et de la philosophie. De comprendre que nous partageons une biosphère commune, et qu'aussi bien la biologie que l'éthique nous imposent d'en prendre soin pour nos descendants. Mais avons-nous réellement conscience de notre pouvoir de changement ?

Et si nous prenions quarante secondes pour changer une vie ?

– 3 –

ET SI NOUS PRENIONS QUARANTE SECONDES POUR CHANGER UNE VIE

Notre monde adore compter pour prouver ? Alors comptons.

C'est ce qu'ont fait deux médecins américains, Stephen Trzeciak et Anthony Mazzarelli, dans *Compassionomics : The Revolutionary Scientific Evidence That Caring Makes a Difference*[1]. (« La preuve scientifique révolutionnaire que la sollicitude fait une différence »). Ils ont compilé des centaines de publications scientifiques afin de démontrer, chiffres à l'appui, que la compassion a des effets mesurables.

J'ai emprunté le titre de ce chapitre à l'une d'entre elles. Elle décrit une expérience randomisée menée dans le département d'oncologie de l'hôpital Johns-Hopkins de Baltimore. Certains médecins devaient délivrer, en début de consultation, le même message à leurs patients (d'une durée de quarante secondes). Un message simple, qui dit en substance « nous sommes auprès de vous. Nous allons traverser l'épreuve ensemble. Je serai avec vous à chaque étape du chemin[2] ». L'effet de ces quelques secondes de sollicitude est spectaculaire. Elle atténue l'anxiété des patients, qui décrivent leur médecin comme plus sympathique, et qui abordent le traitement dans de bien meilleures dispositions psychologiques. Des dizaines d'autres études le confirment. Les patients victimes d'attaques cardiaques qui reçoivent un soutien émotionnel ont trois fois moins de risques de mourir. Le stress et la tension artérielle diminuent. La probabilité de se remettre d'un traumatisme est quatre fois plus importante. Migraines et maux de dos diminuent. Même le diabète reflue (le niveau de sucre baisse de 80 % !). La compassion a donc des effets physiologiques tangibles, mécaniques, pas seulement un impact psychologique. Le mieux-être est, en quelque sorte, réel. La confiance dans le médecin maximise l'impact de la relation thérapeutique.

L'effet retour sur le médecin est également spectaculaire. Quand la relation va mieux, on soigne mieux, et on va mieux. Ce qui est tout sauf neutre quand on connaît la prévalence des cas de dépression ou de burn-out chez les soignants – aux États-Unis, ces souffrances psychologiques touchent la moitié des praticiens, et le taux de suicide est plus important chez les soignants que dans le reste de la population. La compassion pour les autres permet de dépasser sa propre détresse (le livre indique que les médecins qui sont dans une relation non satisfaisante avec leurs patients ont vingt-deux fois plus de risques de faire un burn-out).

La compassion va au-delà de l'empathie, dont j'ai déjà parlé. Elle l'englobe et la dépasse car elle ajoute la volonté de faire quelque chose pour l'autre. Elle est le lieu où la médecine s'exerce pleinement, à la fois comme art et comme science.

Autre bonne nouvelle : ces comportements compassionnels s'apprennent, et ils fonctionnent (et améliorent le sort des patients). Seule condition, la recherche montre qu'on ne peut pas imposer une telle attitude ; il faut que les soignants s'engagent volontairement dans cette voie, qui ne peut être imposée par la contrainte.

Lire ces études au regard de la situation de bien des systèmes hospitaliers, notamment en France, jette une lumière crue sur tous les maux que dénoncent les soignants. Pressurés, standardisés, audités, ils perdent en efficacité thérapeutique ce que les décideurs croient économiser en budget. Et finalement, ce mode de management coûte plus cher car ces soignants exsangues soignent moins bien les patients, démissionnent plus souvent et mettent davantage en péril leur propre équilibre. Les derniers chiffres sur l'hôpital public – qui était déjà à bout avant la pandémie et qui a visiblement tellement tiré sur la corde du dévouement des professionnels de santé qu'il ne peut plus recruter ou garder ses personnels – montrent qu'il est grand temps de prendre en compte ces études si on veut prendre soin de nos hôpitaux, des soignants et des patients. *Le Monde* dévoilait en octobre 2021 que pour la seule AP-HP, 820 postes étaient toujours à pourvoir, et que « 18 % des lits [avaient] dû rester fermés au retour de l'été dans les 39 hôpitaux du groupe, qui compte près de 20 000 lits[3] ».

Ève Fabre, chercheuse en facteur humain et neurosciences sociales à l'école d'ingénieurs ISAE-SUPAERO le montre dans un article publié par *The Conversation*[4] : « Depuis une vingtaine d'années, [l'État] alloue aux hôpitaux publics des budgets systématiquement inférieurs aux besoins réels, afin “d'optimiser les dépenses”. Entre 2002 et 2018, 69 000 lits d'hôpitaux ont été supprimés, et cela malgré l'accroissement et le vieillissement de la population française. [...] Et bien que la durée maximale de travail soit fixée à 48 heures par semaine par l'Union européenne, souvent les soignants sont dans l'incapacité de respecter cette limite, faute de personnel. [...] Ce surmenage affecte à la fois la santé physique et la santé mentale des soignants. Dans le milieu hospitalier, les arrêts maladie sont ainsi plus fréquents que dans tous les autres secteurs professionnels (10,2 jours par an, contre 7,9), et ces absences augmentent encore la charge de travail des soignants présents. Pire, on ne compte plus les cas de burn-out, stress post-traumatique, démission voire même de suicide. »

Voilà pour les effets sur les soignants. Ils se répercutent sur les patients. « Plusieurs études ont démontré le lien entre le manque de personnel et de matériel d'une part, et l'augmentation des risques pour les patients d'autre part. [Ce] management génère chez les soignants de fortes charges de travail, beaucoup de stress et d'importants niveaux de fatigue. Or ces trois facteurs affectant fortement les réflexes, l'attention, le raisonnement, les capacités de communication et de prise de décision des soignants, ils constituent la principale cause d'erreurs médicales. Et la fatigue a sûrement l'effet le plus dévastateur, d'une part parce qu'elle est considérée comme normale en milieu hospitalier, et d'autre part parce que les soignants ont tendance à sous-estimer son impact sur leurs performances[5]. »

In fine, ne pas prendre soin des soignants (et donc des patients) coûte beaucoup plus cher. « D'un point de vue purement économique, on pourrait (peut-être ?) trouver ce type de management acceptable s'il permettait de faire de réelles économies. Mais en favorisant la survenue d'évènements indésirables et d'erreurs médicales, il revient en réalité très cher. Un rapport américain a en effet estimé que chaque année le coût des évènements indésirables pour les hôpitaux américains était compris entre 17 et 29 milliards de dollars. Ce même rapport a montré que les erreurs médicales étaient la huitième cause de décès à l'hôpital, avec 44 000 à 98 000 morts par an aux États-Unis (sur 33,6 millions d'admissions). »[6]

On le voit, la compassion ne relève pas seulement du comportement individuel, de la chance de tomber (ou pas) sur un soignant capable de la manifester. Les systèmes compassionnels, ou du moins qui donnent un espace à la compassion, existent.

En 2006 a été créée Buurtzorg, une entreprise de soins infirmiers de proximité qui repose sur un principe de management existant aussi dans le secteur informatique, celui des « équipes autonomes ». « Notre organisation ne compte pas de managers ou de dirigeants », a expliqué le Néerlandais Jos De Blok, son fondateur, lui-même ancien infirmier, au magazine belge *Trends*[7]. « Tout le personnel infirmier se charge de dispenser des soins au sein d'une équipe de dix à douze personnes maximum. Il se charge de tout : prendre des nouveaux patients, recruter des collègues, entretenir le contact avec les médecins généralistes et les hôpitaux, établir les horaires, planifier les tâches, suivre les évaluations et les résultats. Les équipes sont autonomes au niveau qualité et financier. » Mot-clé : la confiance. « On tire le meilleur profit des services lorsque les professionnels sur le terrain peuvent décider eux-mêmes de ce qui est nécessaire. Si on leur laisse le champ libre, c'est avant tout bénéfique pour les clients. Le patient se sent écouté et le savoir-faire des professionnels prend alors tout son sens. On tire ainsi profit de leur motivation intrinsèque car on leur offre une flexibilité maximale dans le processus de soin. Les gens sont tout à fait capables de s'organiser, il suffit simplement de leur faire confiance. » Buurtzorg (362 millions d'euros de chiffre d'affaires, 14 000 travailleurs autonomes) a remporté le titre de meilleur employeur des Pays-Bas. Cette approche tente de se déployer en France, sous l'appellation « Soignons humain ». L'association éponyme qui la promeut défend les mêmes principes (confiance, approche holistique, responsabilisation des acteurs, refus de « minuter » et de « tayloriser » tous les gestes professionnels...).

Ces stratégies peuvent se déployer dans tous les secteurs, comme l'a montré Frédéric Laloux dans son best-seller *Reinventing Organizations*[8], qui a été traduit dans plus de dix pays. Selon lui, « la bonne question n'est pas : comment peut-on donner le même pouvoir à tout le monde ? C'est plutôt : comment faire en sorte que chacun ait du pouvoir ? » Des dizaines d'entreprises ont mis en place des systèmes de ce genre, comme Gore-Tex, Patagonia ou Whole Foods. Leur force ? « Dans une entreprise autogouvernée, l'initiative du changement est du ressort de toute personne qui en ressent la nécessité. C'est ainsi que la nature fonctionne depuis des millions d'années. L'innovation ne se produit pas au centre, selon un plan, mais sur les marges, quand un organisme capte un changement dans l'environnement et prend des initiatives pour s'adapter de façon appropriée », explique Frédéric Laloux.

Cette fois encore, il s'agit de jouer Rousseau contre Hobbes, la bonté naturelle de l'homme contre l'idée qu'il est « un loup ». Rutger Bregman, dont j'ai déjà cité les travaux sur l'empathie, avait publié un premier livre, intitulé *Utopies réalistes*[9], dans lequel il décline les effets favorables de ce postulat dans la vie économique (réduction du temps de travail, revenu universel, lutte contre la pauvreté et réduction des inégalités, taxation des flux financiers, ouverture des frontières...). L'Anglaise Karen Armstrong, elle, propose carrément une « charte de la Compassion ». Ancienne religieuse catholique devenue journaliste et documentariste, elle ne conteste pas que, dans l'histoire, « la religion a été l'instrument de l'oppression », mais elle estime qu'il s'agit d'une perversion liée à des motifs politiques et non d'une composante intrinsèque du message des principales religions. « Dans les confessions les plus importantes du monde, la compassion n'est pas seulement le test d'une vraie religiosité, c'est aussi ce qui nous amène en présence de ce que les juifs, chrétiens et musulmans appellent "Dieu" ou "le divin". C'est la compassion, dit Bouddha, qui nous mène au nirvana. Pourquoi ? Parce que dans la compassion, lorsque nous nous soucions d'autrui, nous nous détrônons nous-mêmes du centre de notre monde et nous y mettons une autre personne. Les religions les plus importantes du monde mettent en leur cœur ce qui est connu sous le nom de règle d'or, qui a été tout d'abord proposée par Confucius, cinq siècles avant le Christ : "Ne fais pas à autrui ce que tu n'aimerais pas qu'il te fasse", dont il disait que c'était le fil conducteur de tous ses enseignements[10]. » Sa « charte de la Compassion » invite « solennellement tout le genre humain :

- à placer la compassion au cœur de toute éthique et de toute religion ;
- à adhérer au principe ancestral selon lequel toute interprétation des Écritures qui suscite violence, haine ou mépris est illégitime ;
- à s'assurer que la jeunesse soit informée de manière respectueuse et authentique sur les autres traditions, religions et cultures ;
- à encourager une approche positive de la diversité des cultures et des religions ;
- à se doter d'une compréhension empathique des souffrances de tous les êtres humains, même de ceux considérés comme ennemis[11] ».

Ce texte fonctionne que l'on soit croyant ou non. Il pose une intransigeance absolue contre les prophètes de haine et d'intolérance (fanatiques, terroristes…) mais en offrant une voie de sortie (la compassion) qui conduit à ne pas désigner de boucs émissaires.

À la règle d'or de Confucius, Kim Polman a ajouté la question de l'environnement : « Ne fais pas à autrui et à la planète ce que tu n'aimerais pas qu'on te fasse. »

Elle fait valoir cette conviction au sein de la fondation Reboot the Future (« Redémarrer le futur »), qui organise des formations en direction, d'une part des écoles, d'autre part des dirigeants. Comme Karen Armstrong, elle fonde son combat sur des préceptes religieux ou éthiques anciens, puisés dans différentes religions – à ceux déjà mentionnés, elle ajoute des philosophies cousines issues de l'Égypte ancienne ou de la civilisation inca. Kim Polman propose une autre métaphore, celle des « cellules imaginales » (ou « disque imaginal »). Elles décrivent les cellules souches qui sont présentes dès le départ dans la chenille et qui, sous l'effet des hormones qui déclenchent la métamorphose, se combineront pour former le papillon. Son idée est que la compassion est profondément inscrite en nous, et qu'elle s'épanouira sous l'effet des hormones idoines.

On retrouve cette idée dans une légende amérindienne, la fable des deux loups, qui nous est rapportée sous la forme du récit d'un grand-père à ses petits-enfants. Elle dit en substance que nous avons deux loups en nous. L'un, méchant, violent, s'impose par la force. L'autre, gentil, généreux, s'impose par la compassion. Les deux loups sont en conflit. Le gagnant sera celui que l'on nourrit le mieux. Cette légende annonce ce que la chimie du cerveau a confirmé plus tard : faire du bien nous fait du bien ; avoir subi des traumatismes, notamment pendant l'enfance, risque de nourrir le « méchant loup » et de conduire à des comportements violents (voir l'exemple, déjà cité, des traumatismes de l'enfance, ou ACE, *adverse childhood experiences*).

Le généticien et moine bouddhiste Matthieu Ricard a consacré un livre à ce phénomène[12]. Il indique notamment que « les recherches des neuroscientifiques montrent que l'attention, l'équilibre émotionnel, la bienveillance, la compassion et d'autres qualités (…) ont un impact mesurable. Notamment grâce à l'imagerie par résonance magnétique fonctionnelle (IRMf), qui permet de localiser les aires cérébrales activées[13] ».

Dans son cas, ces états sont « engendrés et cultivés par la méditation ». Cette pratique exige un peu plus de quarante secondes pour changer une vie (la sienne) et se diffuse de plus en plus, notamment sous la forme de la méditation dite « de pleine conscience » (*mindfulness*), que les médecins utilisent pour diminuer le stress ou lutter contre la dépression. Le stress des patients mais aussi le leur.

Contrairement aux apparences, ces pratiques ne nous isolent pas, comme l'expliquent Cloé Brami, cancérologue, doctorante en psychologie et responsable du *Health & Love Lab* au CRI, et Angela Biancofiore, enseignante en langues, littérature, arts et culture des Suds, dans *The Conversation* : « Les critiques qui émergent autour de la pratique de la méditation se fondent sur le fait qu'il s'agirait d'une pratique "individualiste" qui nous empêche de nous occuper collectivement de notre vie sociale ou politique. L'étude approfondie des pratiques de méditation prouve au contraire qu'il ne s'agit nullement d'une évasion ou d'un repli individualiste. Il est démontré scientifiquement que lorsque les personnes sont formées aux pratiques de méditation centrées notamment sur la compassion et l'autocompassion, alors elles font preuve d'une compassion accrue pour elles-mêmes et pour les autres, ce qui réduit du même coup leur niveau de stress[14]. » Changer sa vie contribue à changer celle des autres.

Un dernier exemple des vertus encore trop peu explorées et mises en pratique de la compassion, celui des soins palliatifs. Cicely Saunders est en bonne place dans mon panthéon personnel. Elle est étudiante à Oxford, en politique, philosophie et économie, quand survient la Seconde Guerre mondiale. Elle s'engage comme élève infirmière au Saint Thomas' Hospital de Londres puis devient travailleuse sociale de santé publique. En 1947, elle rencontre David Tasma. « Ce juif polonais, âgé alors de 40 ans, avait vécu le drame du ghetto de Varsovie et se mourait maintenant d'un cancer dans un hôpital londonien, loin des siens. Le service où il avait été admis était bien tenu mais extrêmement actif. Dans une grande détresse physique et morale, il s'interrogeait sur le sens de sa vie. Envoyée pour régler ses problèmes matériels, Cicely fut attentive à cette détresse ; elle décida de venir le voir régulièrement, n'hésitant pas à lui donner l'écoute et l'amitié dont il avait besoin[15]. » Après cette expérience fondatrice, elle décide de s'engager pleinement pour accompagner des patients en fin de vie. Elle pose les bases de ce qui est aujourd'hui connu sous le nom de « soins palliatifs », en décidant – à rebours de la pratique médicale dominante – de « voir le patient comme un tout ». « Le ressenti de la douleur physique, l'avancée de la maladie, les problèmes de toutes sortes qui peuvent se poser au patient, le conduisent parfois à une grande détresse mentale aux composantes émotionnelles, psychologiques, sociales et spirituelles. Ces diverses composantes interagissent entre elles. Ainsi, le simple fait d'être écouté avec attention apaise quelquefois la douleur physique, tandis qu'un gros souci familial peut bloquer l'efficacité d'un analgésique puissant. Inversement toute détresse physique risque d'aggraver la souffrance mentale alors que le médecin en s'attaquant à la première arrive quelquefois à soulager la seconde[16]. »

Son approche passait par l'écoute mais aussi par des traitements chimiques et « de nouvelles méthodes de soulagement de la douleur ». « Elle préconisait (...) de donner une dose suffisante de morphine de manière préventive, à intervalles réguliers, sans attendre la survenue de la douleur ; elle fit la preuve, à l'encontre des préjugés de cette époque, que ce traitement ne créait pas d'accoutumance chez le patient[17]. » En 1967, elle parvient à créer son propre établissement, le Saint Christopher's Hospice, qui lance le développement mondial des soins palliatifs, jusqu'à leur reconnaissance par l'OMS en 1990. En combinant, dans ce lieu pionnier, une approche innovante et intégrée de la prise en charge des patients et de leurs familles, un lieu de recherche pour évaluer ses pratiques et un lieu de formation pour permettre à d'autres de s'approprier sa démarche, elle a transformé la fin de vie de millions de patients. Je ne connais pas encore de film qui raconte cette épopée et les histoires d'amour qui la mettent en relief (si mes informations sont bonnes, elle est tombée amoureuse de deux de ses patients), mais je suis impressionné par ce que cette femme a apporté en mettant amour et compassion au service des plus vulnérables.

Pourquoi réserver cette approche globale à la fin de vie ? Ce que décrit Cicely Saunders des interactions entre écoute et thérapies physiques vaut en toutes circonstances. Tous les métiers thérapeutiques contribuent à la qualité du soin ; la médecine conventionnelle gagnerait à s'en emparer. Définir le patient comme une personne et pas seulement selon sa maladie est essentiel.

Gian Domenico Borasio est titulaire de la chaire et chef du service des soins palliatifs du centre hospitalier universitaire de Lausanne. Cet héritier de Cicely Saunders ne dit pas autre chose. Il a réalisé une intéressante étude qui croise notre ressenti en matière de « qualité » de vie et ce à quoi nous attribuons le « sens » de notre existence. Dans la jeunesse, les amitiés priment, puis le couple, les années de « milieu de vie » sont dominées par le travail, puis viennent « santé et altruisme » et, après 60 ans, « nature et spiritualité ». La période à laquelle nous nous sentons, en moyenne, le moins bien, est celle où le travail domine (ce qui est à relier avec la tendance au long cours qui, depuis plusieurs années, veut donner ou redonner du « sens au travail »). Son étude s'intéresse également à nos « valeurs personnelles ». Et montre, de manière spectaculaire, que les valeurs altruistes l'emportent très nettement sur les « valeurs égoïstes » en fin de vie. « Pourquoi attendre ce stade pour nous en rendre compte ? » interroge-t-il[18].

Et si nous étions « bons » les uns envers les autres ?

– 4 –

ET SI NOUS ÉTIONS « BONS » LES UNS ENVERS LES AUTRES

Une équipe de chercheurs[1] a formulé en 2007 « l'hypothèse de l'intelligence culturelle ». Elle postule que l'espèce humaine dispose d'un ensemble de compétences sociocognitives dédiées à l'échange de connaissances et de savoir-faire. Ces compétences apparaissent très tôt dans le cycle de la vie. Afin de vérifier cette hypothèse, ils ont soumis à une large batterie de tests cognitifs, d'une part des grands singes (chimpanzés et orangs-outangs – nos plus proches « cousins »), d'autre part des enfants de deux ans et demi (qui ne savent ni lire ni écrire, et ne sont jamais allés à l'école). Leur expérience a montré que l'habileté à manier des objets était comparable, mais que les humains avaient des compétences sociales bien plus sophistiquées. C'est notre capacité à développer ces compétences qui explique selon eux notre succès évolutif. Grâce à cela, nous avons développé un cerveau (et des capacités) bien plus important, et c'est la raison pour laquelle nous avons pu acquérir des compétences que n'ont pas les autres primates (« du langage aux mathématiques abstraites en passant par le raisonnement scientifique[2] »).

De nombreux travaux en ontogenèse (l'étude du développement d'un individu) relient la nécessité de la culture (la parole, les croyances, la technique) à l'extrême vulnérabilité naturelle des « petits d'humains ». Le fait que nous naissions en état de grande fragilité, sur le plan biologique, nous rend plus dépendants pendant plus longtemps que les autres espèces, nous oblige à (et nous permet de) développer des compétences dont les autres espèces, autonomes bien plus tôt, n'ont pas « besoin ». Cette – longue – phase de premiers soins et d'apprentissages sociaux entraînent la production de sérotonine et d'ocytocine, les hormones que l'on fabrique pendant la lactation, et qui sont associées au sentiment que nous sommes heureux ou que « nous sommes amour ».

Des auteurs comme Yuval Noah Harari et Rutger Bregman, que j'ai déjà cités, insistent, avec une approche plus ancrée dans les sciences sociales, sur l'avantage déterminant que ces compétences ont donné à l'espèce humaine dans l'histoire de l'évolution. Et sur le fait que, par défaut, nous nous faisons confiance ou, à tout le moins, nous ne voulons pas blesser – encore moins tuer. Bregman cite de nombreux exemples de cet altruisme naturel, comme ces études qui montrent qu'au cours de la Seconde Guerre mondiale, seuls 20 % des soldats faisaient usage de leurs armes, ou ces fusils retrouvés sur le champ de la terrible bataille de Gettysburg encore chargés, comme s'ils n'avaient pas été utilisés. Les célèbres scènes de fraternisation entre soldats français et allemands, dans les tranchées de la guerre de 1914-1918, racontent la même histoire. Celui qui est censé tuer n'aime pas le faire. Bregman cite aussi, dans des contextes moins belliqueux, les preuves de cet altruisme captées, de manière totalement impromptue, par les caméras de surveillance : dans une nette majorité de cas, lorsque nous voyons une personne en danger, nous essayons de l'aider. C'est notre premier mouvement.

L'économiste autrichien Ernst Fehr arrive aux mêmes conclusions. Il a élaboré plusieurs tests pour le confirmer (« jeu » du dictateur, test de la confiance, test de l'ultimatum...) et les résultats convergent : nous avons naturellement tendance au don et au partage. Mais à une condition, qui est tout sauf neutre : il faut que ce don ou ce partage s'effectuent dans un contexte équitable ou produisent une situation plus équitable. On retrouve ici le besoin d'équité, valeur fondamentale observée par Jonathan Haidt à travers les cultures.

Une des applications les plus simples et répandues de ce mécanisme concerne notre disposition à payer des impôts. Si le système est perçu comme juste, nous payons. Mais si nous avons l'impression que ces impôts sont utilisés au profit exclusif d'un petit groupe, ou si les autres trichent pour se soustraire à l'obligation, nous refuserons ou tenterons à notre tour de tricher. C'est aussi la base de la démocratie. Nous acceptons le verdict défavorable des urnes si nous pensons qu'il n'est pas de nature à bouleverser radicalement l'équilibre antérieur, et si nous croyons que l'élection suivante pourra amener une alternance.

Notre confiance en autrui est donc à la fois instinctive et friable, naturelle et conditionnelle. Elle est aussi « conditionnable », au sens où en fonction de l'environnement où on grandit et où on évolue, on peut être dans des conditions qui favorisent soit la confiance soit la défiance.

Par la famille, la communauté, l'école, les institutions publiques en général, l'entreprise… Et c'est là que nous retrouvons l'opposition entre Rousseau (l'homme est naturellement bon) et Hobbes (l'homme est un loup pour l'homme). En effet, si nous bâtissons des institutions fondées sur cette seconde vision, elles nous inciteront à plus de défiance que de confiance. C'est ce qu'on appelle l'effet nocebo (du latin « je nuirai »). Vous connaissez l'effet placebo ? Eh bien c'est le même, avec des effets négatifs. Il est mis en lumière de la même façon : on administre la même substance à deux groupes d'individus. Mais à la différence des expériences tendant à évaluer l'effet placebo, dans lesquelles tous les sujets croient qu'ils ont ingéré une substance qui va leur être bénéfique, on informe une partie du groupe d'effets secondaires potentiellement nocifs (risques de migraines, de vertiges, etc.). Certaines personnes les ressentent alors, physiquement. Cet effet peut être puissant. La presse avait médiatisé en 2009 la plainte d'habitants de Saint-Cloud contre Orange, dont les antennes de téléphonie étaient soupçonnées de produire des troubles du sommeil et des saignements de nez, alors que ces antennes n'étaient pas encore activées (elles n'étaient même pas raccordées au réseau électrique[3]).

Lorsqu'une institution s'organise essentiellement autour du contrôle, lorsqu'elle est structurée sur l'idée que les autres ne « joueront pas le jeu », elle installe et cristallise de la défiance. Les organisations verticales et hiérarchiques tendent à produire cet effet (contrairement aux organisations horizontales et coopératives). Il est établi que des manifestants ont plus tendance à devenir violents si les forces de l'ordre le sont elles-mêmes en première intention. Que la réinsertion des prisonniers s'accroît et que la récidive diminue quand la prison n'est pas organisée comme un régime de pure oppression, mais comme un espace où les détenus sont traités de manière humaine et où on leur permet de socialiser entre eux et avec les gardiens. La Norvège le fait ; comme l'explique Are Hoidal, gouverneur de la prison de Halden : « En Norvège, la punition est juste de priver quelqu'un de sa liberté. Les autres droits restent en vigueur. Les détenus peuvent voter, ils peuvent avoir accès à l'école, aux soins de santé ; ils ont les mêmes droits que tout citoyen norvégien. Parce que les détenus sont des êtres humains. Ils ont mal agi, ils doivent être punis, mais ils sont toujours des êtres humains[4]. » Il poursuit : « [Résultat,] depuis nos grandes réformes, le taux de récidive en Norvège est tombé à seulement 20 % après deux ans et à environ 25 % après cinq ans. » À titre de comparaison, ce taux est deux fois supérieur en Angleterre… où le coût annuel d'un prisonnier est aussi deux fois inférieur.

L'école et la famille sont évidemment au cœur du sujet et peuvent faire des dégâts profonds et durables lorsqu'elles sont organisées autour de ce que la pédagogue allemande Katharina Rutschky appelait la « pédagogie noire », que résume l'expression « Qui aime bien châtie bien ». Également étudiée par Alice Miller dans *C'est pour ton bien*[5], cette « pédagogie noire » vise à briser la volonté pour obtenir docilité et obéissance. Une de ses conséquences possibles est d'amener l'individu une fois adulte à reproduire les comportements dont il a été victime, et à tourner contre autrui la haine qu'il a ressentie, enfant, contre ses parents ou enseignants. Alice Miller va même jusqu'à expliquer ainsi le nazisme (Adolf Hitler fut un enfant maltraité par un père violent ; l'école allemande pratiquait une « pédagogie noire » qui a rendu les individus réceptifs à des discours de haine et leur a appris à obéir aveuglément à des autorités qu'ils se gardaient de questionner, etc.).

S'il peut exister des contextes aggravants, la soumission à l'autorité n'a cependant pas besoin de circonstances aussi dramatiques pour se manifester. Elle est bien plus commune. La célèbre « expérience de Milgram » (du nom du psychologue américain Stanley Milgram) a montré que nous étions tous potentiellement susceptibles d'obéir à des instructions aux conséquences délétères, pour peu qu'elles soient délivrées par une figure d'autorité à laquelle nous avons été programmés pour obéir. Pour mémoire : le sujet de l'expérience est placé dans la position d'un enseignant qui doit faire mémoriser à un élève une liste de mots. À chaque erreur, l'élève reçoit une décharge électrique déclenchée par le sujet. À chaque erreur, la puissance de la décharge augmente. Un individu en blouse grise, supposément détenteur du savoir et d'une forme d'autorité, s'assure que les décharges sont bien administrées et encourage le sujet à agir. L'élève et l'expérimentateur sont des comédiens, et les décharges sont fictives. Mais même quand le premier hurle sa douleur, il suffit que le second dise au sujet qu'il ne sera pas tenu responsable des conséquences des décharges, ou qu'il lui ordonne de les déclencher, pour que le sujet obéisse. À chaque fois que l'expérience a été reproduite, une majorité de sujets déclenchaient des décharges qui, si elles avaient été réelles, auraient été mortelles.

Le rôle de l'expérimentateur est bien sûr déterminant, mais il ne peut l'accomplir que si le sujet a en quelque sorte été programmé (par son éducation) à respecter les paroles d'autorité et à faire confiance – ici aveuglément – à la science.

Mais d'autres ressorts sont en jeu. Christian Picciolini fut un des leaders d'un des plus violents groupuscules suprémacistes blancs des États-Unis dans sa jeunesse. Il a raconté son histoire dans une conférence TED[6]. Il naît dans une famille d'immigrés italiens, arrivés à Chicago dans les années 1960. Ses parents travaillent « quatorze heures par jour, sept jours sur sept » pour faire vivre leur famille. « Je savais qu'ils m'aimaient, mais je me sentais abandonné ; j'ai commencé à leur en vouloir et à ressentir un grand sentiment de colère », raconte Christian Picciolini. Ce sentiment d'abandon, il n'est malheureusement pas le seul à le connaître, tant les parents doivent courir pour joindre les deux bouts dans une société où croissent simultanément les inégalités et les besoins de consommer toujours plus. Adolescent, il commence à commettre de petits délits, « pour attirer leur attention ». Un jour, âgé de 14 ans, alors qu'il fume un joint dans une allée, un skinhead de deux fois son âge l'aborde. Il ôte le joint de ses lèvres et lui dit : « Fumer, c'est ce que les communistes et les juifs veulent que tu fasses pour que tu sois docile. » « Je ne savais pas ce qu'était un juif, poursuit Picciolini, et le seul communiste que je connaissais était le méchant dans *Rocky*. C'est à peine si je comprenais le mot "docile". » Mais il reçoit l'attention de cet homme comme « une bouée de sauvetage ». Et, « du jour au lendemain », devient « un véritable nazi », haïssant « les juifs, les Noirs, les immigrés, le multiculturalisme ». Il devient à son tour un sergent recruteur pour le groupe, en ciblant des jeunes gens marginalisés, mal aimés, participe à des ratonnades, amasse des armes pour mener « l'imminente guerre raciale » qu'on lui annonce.

À 19 ans, il rencontre une jeune fille, qui ne fait pas partie du mouvement, tombe amoureux d'elle, l'épouse. Ils ont un premier enfant. Quand il le prend dans ses bras, à la maternité, non seulement il renoue « avec une innocence perdue », mais il commence à questionner ce qui l'avait amené à intégrer ce mouvement suprémaciste – « l'identité, la communauté » partagées. « Étais-je ce néonazi haineux ou un père et un mari aimant ? » s'est-il demandé. Il ne tranche pas immédiatement. Il renonce à la rue et ouvre un magasin de disques où il vend « de la musique prônant le pouvoir blanc », mais aussi du heavy metal, du hip-hop… Si bien qu'une part, minoritaire, de sa clientèle vient acheter autre chose que des disques appelant à la haine.

Un jour, un adolescent noir entre, « visiblement bouleversé ». Sa mère vient d'apprendre qu'elle a un cancer du sein. La sienne en avait eu un aussi et il se sent « lié à lui ». Une autre fois, ce sont deux gays qui entrent avec leur fils, et il apparaît clairement à

Christian Picciolini qu'ils l'aiment autant que lui-même aime le sien. Dès lors, il ne parvient plus à « rationaliser » ou à « justifier » ses préjugés. Il décide de retirer de ses rayons tous les disques prônant le *white power*. Il fait faillite, quitte le mouvement qu'il avait dirigé, et se retrouve seul – sa femme l'ayant quitté car il n'avait pas rompu assez vite et assez nettement avec l'extrémisme.

Après des années de dépression, une des rares amies qu'il lui reste lui suggère de postuler chez IBM. « J'étais secrètement un ancien nazi couvert de tatouages haineux, exclu de six lycées, non diplômé… Je n'avais même pas d'ordinateur ! » Par « miracle », IBM l'embauche, et l'envoie installer des machines… dans un des lycées dont il avait été exclu pour avoir commis des actes violents envers des enseignants et des élèves. Il y a à peine mis les pieds qu'il croise le gardien, noir, avec lequel il s'était battu. Il lui demande pardon et le gardien le prend dans ses bras et lui fait promettre de raconter son histoire « partout où il le pourra ». Ce qu'il fera, jusqu'à publier plusieurs livres, dont *Breaking Hate : Confronting the New Culture of Extremism*[7], encensé par la critique aux États-Unis. Les conclusions qu'il tire de son expérience recoupent bien des mécanismes identifiés par la science. Il dénonce la « déconnexion des uns à l'égard des autres », « la haine qui naît de l'ignorance », la crainte qui peut émerger à l'endroit de ce que nous ne connaissons ou ne comprenons pas, la haine en mécanisme de défense face à cette peur.

Christian Picciolini ne se contente pas de partager son histoire, il s'emploie à essayer de libérer des personnes enfermées dans ces dynamiques. Essentiellement dans les groupes suprémacistes, mais aussi avec des djihadistes. Sa méthode s'appuie, implicitement, sur le poids des traumatismes de l'enfance : il dit chercher dans les vies de chacun les « nids-de-poule » qui ont parsemé leur parcours, notamment dans la petite enfance et l'enfance. Et certifie : « Tous ceux que j'ai aidés se sont laissé endoctriner car ils voulaient trouver une place, leur place. » L'adhésion aveugle à des idéologies ou à des dogmes n'est que le véhicule qui leur permet de le faire. Comme le dit Haidt, nous avons besoin d'appartenir à une communauté et d'y trouver une autorité voire une forme de sacré pour laquelle nous sommes prêts à bien des sacrifices.

Je me suis attardé sur ce témoignage car il concentre de nombreuses thématiques que nous avons abordées depuis le début de ce livre. Il fait le lien entre l'individuel et le collectif, le biologique et le social, et ouvre vers la question, essentielle, des récits partagés, des histoires que nous nous racontons pour fixer des croyances communes. Dans son cas, ces histoires sont mortifères. Mais notre espèce est également capable d'inventer des récits collectifs positifs.

C'est le rôle du politique, et ces récits s'incarnent dans le fonctionnement des institutions.

Lorsque l'Union européenne crée un programme comme Erasmus, elle le fait, explicitement, en favorisant la rencontre entre jeunes de différentes nationalités, pas seulement pour qu'ils améliorent leur niveau académique mais aussi pour créer un sentiment de communauté entre ces jeunes Européens. Cette idée était également au cœur de la création de la Cité internationale universitaire, à Paris, après la Première Guerre mondiale. Tout ce qui favorise la rencontre de « l'étranger », tout ce qui tend à nous le rendre familier, permet de lutter contre l'intolérance, le racisme, la haine.

A contrario, lorsque les institutions envoient des messages de défiance, tendent à nous isoler, omettent de nous écouter, privilégient le contrôle sur la confiance, nous culpabilisent, nous humilient parfois, le risque est grand de générer, en retour, des réactions de haine et de violence, au moins de la partie de la population qui se sent contrainte ou abandonnée, typiquement celle qui a subi des traumatismes et que flattent les populistes. Ces dynamiques peuvent conduire à la dictature, quand les populistes prennent le pouvoir et que l'État, pour contenir le mécontentement, fait taire de manière arbitraire et violente toute velléité de critique – comme le dit Rutger Bregman, citant Machiavel, « il est plus facile d'imposer un récit avec une arme à la main ». La dictature peut survivre longtemps en s'appuyant sur un autre mécanisme dont nous avons parlé, l'instinct de protection de ses proches ou de ses enfants. Si je constate que la soumission à l'autorité est ce qui me donne le plus de chances de survie, j'aurai tendance à reproduire cette tendance avec mes enfants, afin de les protéger.

Ce propos général se vérifie dans bien des domaines et n'épargne pas les démocraties. En France, les économistes Yann Algan et Pierre Cahuc ont démonté les ressorts de ce qu'ils appellent la « société de défiance[8] ». Selon eux, « le corporatisme, doublé d'un État très dirigiste, produit un déficit de confiance qui réduit significativement l'emploi, la croissance et, surtout, l'aptitude des Français au bonheur ». Cette défiance se construit et se cristallise peu ou prou autour de la question de l'équité chère à Haidt. Que l'on ait le sentiment d'être traité injustement, « moins bien que les autres », et elle fleurit. Si vous lisez les témoignages recueillis lors des manifestations des Gilets jaunes ou sur les ronds-points qu'ils occupaient, vous trouverez de nombreuses illustrations de ce sentiment et, en réponse, de l'attachement à ces (nouveaux) groupes au sein desquels ils peuvent se serrer les coudes ; se faire confiance.

C'est une des raisons pour lesquelles la lutte contre la fausse science, les « fake news » ou le complotisme est si complexe même s'ils ne sont pas nouveaux[9]. Beaucoup de gens y croient, mais ce n'est pas parce qu'ils sont idiots. Ils y croient parce que d'autres, qui leur ressemblent, y croient. Parce que cela leur permet d'entrer dans une communauté où ils ne se sentent pas (mal) jugés, ignorés, méprisés, humiliés. « Les récits du XXe siècle ne marchent plus. On peine à trouver un nouveau grand récit collectif fédérateur, et le conspirationnisme vient remplir ce rôle-là », indique Marie Peltier, enseignante à l'Institut supérieur de pédagogie Galilée à Bruxelles[10]. Johann Chapoutot complète sur France Inter en déclarant que déclinisme et complotisme marchent « lorsqu'il y a de grands traumatismes sociaux[11] ». À la question « Pourquoi ce besoin de toujours croire en quelque chose ? », il répond que « nous sommes des êtres symboliques, des êtres de langage, nous avons besoin de récits pour cartographier notre position dans le monde et supporter ce petit détail : le fait que nous sommes mortels. Lorsque l'on parle de comprendre la logique de quelqu'un, derrière il y a le *logos*, le discours, le récit. Il y a eu un vide laissé par le providentialisme, qui était l'explication dominante jusqu'à la Première Guerre mondiale, et qui a reflué devant les grandes catastrophes du XXe siècle et devant le scientisme, ajoute l'historien. Pour remplir ce vide, il y a eu des religions politiques. Des idéologies comme le communisme, le fascisme, le nazisme sont des positions anthropologiques, qui définissent votre position dans le monde, votre rapport à la mort, et sont donc de fait des propositions religieuses. »

Aujourd'hui, on voit réapparaître des tendances comme le complotisme : « On ne peut pas ne pas faire l'hypothèse de la bêtise, parfois », reconnaît Johann Chapoutot. Mais pour lui, il faut le prendre au sérieux, « de même qu'on a eu tort de ne pas prendre au sérieux les propositions idéologico-religieuses des fascistes, des nazis, des staliniens, qui étaient incarnées par des acteurs qui y croyaient. Le complotisme est une manière de faire de la religion sans dieu : c'est tout expliquer par une force obscure, on congédie Dieu mais on garde le diable, les pédosatanistes, les reptiliens, les juifs qui sont toujours de bons candidats à l'explication par la causalité diabolique ».

Il y a aussi l'illimitisme et le transhumanisme de ceux qui croient que la technologie nous aidera à transcender les limites de notre existence et de la planète. À l'opposé on a le déclinisme, le « c'était mieux avant ». D'après cet historien, « ça marche parce qu'il y a des traumatismes sociaux massifs : la mondialisation, la désindustrialisation, la pandémie… Il y a un besoin de se recroqueviller vers quelque chose de fantasmé qui aurait été mieux avant. C'est une vieille tradition, qu'on peut mettre en perspective avec la tradition romaine : au Iᵉʳ siècle de notre ère, à l'acmé de l'Empire romain, tous les historiens romains disaient que c'était mieux avant et que Rome était en train de se déglinguer ! »

Face à ces récits et manipulations qui s'appuient sur un mélange de faits, de crédulité, de peurs et de perceptions de déclassements (qu'ils tiennent à la nationalité, à l'appartenance ethnique, à la religion ou au genre), il faut être capable d'inventer des récits fondés scientifiquement qui redonnent de l'espoir en s'appuyant sur notre intelligence, notre besoin de vivre ensemble et notre besoin de sens.

Les grands récits historiques religieux n'étaient pas fondés sur la science, ce qui explique qu'ils aient été progressivement discrédités depuis l'avènement des Lumières. Mais ils étaient porteurs de sens, et la science, si elle apporte de grands récits sur notre passé (à l'instar de la *Big History*), a du mal à faire plus qu'aider à comprendre le présent et éclairer les avenirs possibles (par exemple les climatologues éclairent les scénarios possibles sur le réchauffement climatique). Si les Lumières du XVIIIᵉ siècle ont aidé à penser le progrès humain, elles n'ont pas pu intégrer les connaissances sur les dynamiques de l'univers et de nos évolutions, ni les limites des ressources planétaires auxquelles nous sommes aujourd'hui confrontés. Et si nous inventions de nouvelles Lumières qui intègrent ces notions tout en étant plus inclusives, plus conscientes des enjeux planétaires et proposent des récits fédérateurs capables d'aider les individus et les collectifs à trouver du sens et à se mobiliser dans des dynamiques porteuses d'espoir ?

Trouver, ou retrouver, de grands récits fédérateurs est donc essentiel pour nous amener à être « bons » les uns envers les autres à grande échelle, « notre capacité à convaincre des millions, parfois des milliards, de personnes de croire aux mêmes récits », comme le dit Yuval Noah Harari dans un passionnant dialogue avec Rutger Bregman réalisé en février 2021[12]. « Ces histoires n'ont même pas besoin d'être vraies, poursuit Harari, quitte à être provocateur : si les humains contrôlent la planète, et non les chimpanzés, c'est parce que nous croyons à plus de fictions qu'eux ! » Rutger Bregman enchaîne : « Nos visions de la nature humaine sont en partie des prophéties autoréalisatrices. »

Ce dialogue est passionnant car l'animatrice peine à cliver le débat entre « Bregman l'optimiste » et « Harari le pessimiste », en tout cas sur le terrain de la nature humaine ou sur notre capacité à coopérer à de petites échelles (le clan, la tribu, le village…) pendant la majeure partie de notre évolution en tant qu'êtres humains. C'est sur notre capacité à coopérer à grande échelle que la différence apparaît, Harari constatant que, dans l'histoire des grandes civilisations, les régimes d'oppression (dictatures, esclavages, génocides…) ont été plus nombreux. En dehors de quelques lieux, comme à Athènes, qui furent éphémères, il faut attendre le XVIIIe siècle et les Lumières pour qu'apparaissent, de manière donc très récente dans notre histoire, des régimes démocratiques, soucieux du bien-être de l'ensemble des individus. Et encore, nous l'avons dit, pas partout, pas pour tous et pas pour toutes et pas tout le temps, loin de là, en dépit de l'extraordinaire amélioration des conditions de vie (progrès de la science, de la technique, de la médecine…). À « l'optimisme », Bregman préfère « l'espoir » : « Rien n'est écrit d'avance dans la façon dont nous choisissons de structurer notre économie, d'organiser nos systèmes politiques. C'est pour cela que j'aime raconter des histoires positives, pour montrer que nos comportements ont un impact, qu'ils peuvent changer les choses. »

*
* *

Comment capitaliser sur ce qu'il y a de fondamentalement bon en nous ? Comment élargir nos instincts de coopération à petite échelle à une échelle plus large ? Quels récits assez puissants pouvons-nous inventer ou diffuser pour nous convaincre, le plus largement possible, d'être « bons » les uns envers les autres ? Comment élargir la communauté des êtres dont nous pouvons prendre soin ?

Nous l'avons vu, les mécanismes à l'œuvre qui nous conduisent à nous unir pour faire le bien sont de même nature que ceux qui nous amènent à faire le mal. Je vous propose maintenant d'explorer la façon dont des dispositifs qui fonctionnent à petite échelle pour nous rendre individuellement et collectivement meilleurs pourraient se diffuser à des échelles plus importantes, comme dans une figure fractale.

Pour commencer : et si nous transformions la bêtise des masses en intelligence collective ?

PARTIE III

ET SI NOUS ÉTIONS CAPABLES DE RÉUSSIR ENSEMBLE CE QUE NOUS NE POURRIONS FAIRE SEULS

Penser fractal, agir viral

– 1 –

ET SI NOUS TRANSFORMIONS LA BÊTISE COLLECTIVE EN INTELLIGENCE COLLECTIVE

L'ignorance individuelle me contrarie mais, d'une certaine manière, ne m'inquiète pas outre mesure, car je crois qu'elle peut facilement être combattue. L'éducabilité est plus qu'un pari : on sait que l'on peut aider chacun à progresser, par la formation et par l'information. La bêtise collective, elle, me tétanise, car elle est le terreau de toutes les manipulations, l'humus de la violence et de la cruauté qui peuvent conduire aux pires horreurs. Notre époque y est plus exposée qu'aucune autre.

La Renaissance est contemporaine de l'invention de l'imprimerie et des progrès des transports. Croyances, savoirs et idées commencent à circuler à une échelle jusqu'alors méconnue. Réservés aux bibliothèques des monastères, des universités et des demeures des puissants, les livres puis les gazettes se diffusent. La révolution industrielle internationalise (mondialise) le phénomène. Les systèmes éducatifs se structurent, et échappent peu à peu à l'emprise des Églises. Le bateau, puis l'avion ; la radio puis la télévision l'accélèrent encore. Puis viennent Internet et, peu après, les réseaux sociaux. Ces derniers n'inventent ni les fausses informations ni la manipulation, mais produisent deux mutations fondamentales.

La première renvoie à la généralisation de l'accès à la diffusion massive d'informations. Jusque-là, un individu isolé ou un petit groupe ne pouvaient pas accéder aussi facilement à des audiences massives. Il fallait au préalable convaincre des tiers de confiance. Les savants qui vous accueillaient dans leurs revues, les éditeurs qui vous publiaient et vous faisaient diffuser par des libraires, les rédacteurs en chef qui acceptaient vos articles ou vos tribunes, les partis ou associations qui vous adoubaient et portaient tout ou partie de vos idées… Vous étiez toujours confronté à la discussion et au jugement de vos pairs.

Cela n'avait pas que des avantages, et l'histoire fourmille d'idées géniales ou de vérités scientifiques empêchées par les conservatismes, les discriminations, les croyances ou l'ignorance de ceux qui détenaient ce type de pouvoir, *a fortiori* dans les régimes autoritaires, les dictatures, les théocraties. Mais dans un fonctionnement vertueux, quand ces instances de contrôle jouaient leur rôle avec un minimum d'honnêteté, cela permettait d'endiguer, ou tout du moins cela compliquait, l'accès aux moyens de diffusion massive de l'information pour des individus ignorants et peu scrupuleux. Patrick Le Lay, alors PDG de TF1, avait déclaré que son métier consistait à vendre « du temps de cerveau disponible », c'est-à-dire à fédérer, par ses programmes, les audiences les plus importantes possible pour pouvoir les vendre à des annonceurs publicitaires. Mais au moins les messages de ces derniers étaient-ils régulés par le Bureau de vérification de la publicité (BVP).

De la même façon, les chaînes de télévision qui font leur miel de la diffusion de « clashs » en tout genre sont soumises à l'autorité du Conseil supérieur de l'audiovisuel (CSA). La liberté de la presse s'exerce dans ce cadre. Même opposés sur le plan des idées, les médias sont soumis aux mêmes lois et, pour beaucoup, autorégulés par des règles déontologiques qui n'empêchent pas l'expression d'opinions diverses mais sur un socle informationnel commun. Si bien, comme le dit en substance Serge July, le fondateur de *Libération*, dans son *Dictionnaire amoureux du journalisme*, que s'il n'existe aucun journal objectif, la presse, considérée dans son ensemble, l'est[1].

Internet a fait voler en éclats les barrières déjà fragiles qui limitaient la publication de fausses informations. Chacun peut, à partir de son ordinateur, diffuser ce qu'il souhaite bien au-delà du cercle de ses connaissances dans la « vie réelle ». Sans organes de régulation (comme le BVP et le CSA) pour le sanctionner, ne serait-ce que parce que cet individu peut tenter de s'abriter derrière anonymat et pare-feu pour ne pas être identifié (ce qui est impossible pour un éditeur ou un média, soumis à la loi de 1881, qui impose de désigner un responsable légal pour toute publication).

Cette première mutation n'est rendue possible que par la seconde : les entreprises qui créent les outils permettant de diffuser ces informations gagnent leur vie en agrégeant des audiences toujours plus importantes. Elles ont intérêt, au sens économique du terme, au sens d'« espèces sonnantes et trébuchantes », à stocker et à faire circuler des données. Que ces données soient scientifiquement valides ou éthiquement responsables ou non ne leur importe guère. Elles conçoivent des algorithmes toujours plus puissants afin de maximiser la circulation des informations capables d'attirer le plus large public et les annonceurs. Et pour cela, elles s'appuient sur des biais cognitifs extrêmement puissants, ancrés dans notre fonctionnement biologique et manipulés par l'utilisation d'intelligences artificielles qui ciblent nos failles. Ces entreprises sont privées et les plus connues d'entre elles en Occident sont désignées par l'acronyme Gafam (Google, Amazon, Facebook, Apple, Microsoft), en Asie par le sigle BATX (Baidu, Alibaba, Tencent et Xiaomi).

Cette course effrénée à l'audience n'a qu'un seul objectif : permettre (par le biais de la publicité) à des entreprises de vendre des produits, de créer des addictions. Ses conséquences n'ont rien de virtuel et se font sentir dès le plus jeune âge. Dans le rapport OMS-Unicef publié par *The Lancet*, que j'ai déjà mentionné, il apparaît que les enfants connaissent plus de marques commerciales que de plantes ou d'animaux. Nombre de ces marques viennent des industries agroalimentaires. Le rapport établit ainsi un lien direct entre les publicités de ces marques et l'inquiétante montée de l'obésité, notamment aux États-Unis. « Dans certains pays, les enfants voient (…) jusqu'à 30 000 publicités sur les seuls écrans télévisés au cours d'une même année (…). L'exposition des enfants au marketing commercial pour la “malbouffe” et les boissons sucrées est associée à l'achat d'aliments nocifs pour la santé et au surpoids et à l'obésité, le marketing agressif étant ainsi lié à l'augmentation alarmante de l'obésité chez l'enfant (...) avec des coûts catastrophiques pour les individus comme pour la société[2]. » Les effets sur l'environnement sont également patents, que l'on nous engage à acheter des véhicules polluants ou tout simplement à consommer toujours plus et, ce faisant, à épuiser les ressources de la planète.

Les États ont eux aussi vite compris le parti qu'ils pouvaient tirer des algorithmes et certains mettent à profit la formidable puissance de ces entreprises pour influer directement sur les individus hors de leurs frontières – l'exemple le plus connu étant celui de la Russie. Là encore, Internet n'invente pas ces mauvais comportements. États-Unis et URSS se sont livré une bataille d'influence spectaculaire pendant la guerre froide. Mais les moyens qu'ils employaient étaient lourds, complexes, indirects. Il fallait à chaque fois passer par des relais d'opinion ou de diffusion – des partis amis, des éditeurs, des médias... Aujourd'hui l'accès est direct.

Internet, dans un monde idéal, aurait pu permettre des progrès en matière de savoir et de sagesse. En diffusant à une échelle jusque-là impensable des informations de qualité et en donnant la possibilité à chacun d'en débattre de manière éclairée. Il y contribue. Mais dans un combat permanent contre des puissances économiques et politiques délétères, rien ne dit qu'il tournera en faveur des Lumières, car ce combat est inégal. Comme le dit le sociologue Gérald Bronner, qui a publié *Apocalypse cognitive*[3] : « On pensait que la libre concurrence des idées favoriserait les meilleures idées, c'est en tout cas ce qu'estimait Thomas Jefferson, par exemple, l'un des fondateurs de la démocratie américaine. La vérité peut se défendre toute seule, croyait-on. On est en train de découvrir que ce n'est pas le cas. Sur ce marché, ce sont bien les "meilleurs produits" qui s'imposent. Or, "meilleur", ici, ne veut pas forcément dire rationnel, mais efficace du point de vue de la réception de nos cerveaux, c'est-à-dire de la demande. Bien sûr, les propositions rationalistes sont encore en concurrence. Mais on se bat comme Léonidas aux Thermopyles[4]. » C'est-à-dire dans un combat héroïque mais perdu d'avance.

Le documentaire de Jeff Orlowski, Davis Coombe et Vickie Curtis *Derrière nos écrans de fumée*, sorti sur Netflix en septembre 2020, donnait de nombreux exemples de la façon dont les algorithmes nous manipulent. Mais le plus affolant dans ce paysage (déjà affolant en lui-même) était d'entendre des acteurs (repentis) de grandes entreprises de la Silicon Valley avouer que, dans le meilleur des cas, seule une poignée de personnes comprend vraiment comment fonctionnent les algorithmes qu'elles conçoivent. Incompréhension confirmée par des extraits des Facebook Files où l'on apprend que les ingénieurs de Facebook avouent ne plus comprendre leur propre algorithme. « Ce problème n'est absolument pas le résultat d'une politique intentionnellement mise en place, qui considérerait que certains messages devraient être immunisés contre les outils de modération automatiques, indique *Le Monde*. C'est simplement l'un des très nombreux effets de bord provoqués par les centaines de modifications des algorithmes de Facebook, au fil des ans, dont les propres ingénieurs du réseau social semblent ne pas pouvoir anticiper toutes les conséquences[5]. »

Quatre ans avant sa mort, le célèbre astrophysicien Stephen Hawking avait mis en garde dans un entretien retentissant à la BBC : « Le développement d'une intelligence artificielle complète pourrait mettre fin à l'humanité[6]. » L'année suivante, en 2015, il signait avec sept cents scientifiques de haut niveau une lettre ouverte pour s'inquiéter : « Étant donné le grand potentiel de l'intelligence artificielle, il est important d'étudier comment la société peut profiter de ses bienfaits, mais aussi comment éviter ses pièges[7]. »

Pour l'heure, les machines n'ont pas – ou pas encore – pris le pouvoir. Mais elles sont déjà capables d'exploiter nos faiblesses et de nous manipuler. Et certains humains s'emploient à les utiliser, à grande échelle, à des fins destructrices. Dans *Derrière nos écrans de fumée*, Tim Kendall, un ancien cadre dirigeant de Facebook et de Pinterest, se voit demander ce qui l'inquiète le plus ; il répond après une brève hésitation : « À très court terme ? La guerre civile. » L'histoire a failli lui donner raison. Quelques semaines plus tard, en janvier 2021, le Capitole est pris d'assaut par des milliers de partisans de Donald Trump, chauffés à blanc par le biais des réseaux sociaux, résultat d'années de mise en condition. Rien ne dit que la partie soit achevée.

En France, les réseaux sociaux ont également été mis à contribution, pendant la crise de la Covid-19, pour diffuser des informations erronées, notamment sur la vaccination. Je suis un scientifique. Que l'on débatte d'une politique sanitaire ou de l'efficacité d'un vaccin ne me choque pas, dès lors que la discussion se noue autour de données scientifiquement validées. Mais que des ignorants ou des charlatans puissent imposer de fausses informations dans le débat public avec autant de facilité met en évidence un défi démocratique et éthique qu'il faut de toute urgence relever.

Nous sommes, collectivement, capables de le faire. Car nous connaissons et avons poli au fil des siècles des méthodes qui permettent de stabiliser, au moins pour un temps, des faits et des manières de les rendre intelligibles. Elles sont mises en œuvre par les scientifiques et par les journalistes. Elles consistent à comparer des résultats de recherche, à les vérifier en les croisant, à multiplier les sources, à chercher des consensus (et, quand ils n'existent pas, quand on ne peut pas trancher, à le dire sans tenter d'imposer une vérité qui n'en est pas une). La clé repose en partie sur la maîtrise technique de la méthode, sur la profondeur des savoirs mobilisés, mais aussi, peut-être surtout, sur l'existence de collectifs de travail. Se soumettre au regard de ses pairs, au débat, accepter qu'on est souvent plus intelligent à plusieurs.

Le déploiement de ces méthodes ne repose pas uniquement sur des choix individuels, sur la bonne volonté, sur une morale personnelle. Il est favorisé et rendu possible par l'organisation de structures héritées des Lumières qui se consacrent à dire le monde, à commencer par les univers de l'éducation, de la recherche et des médias. Il renvoie donc à des politiques publiques et à des cadres législatifs qui sont attaqués par les néo-obscurantistes et doivent être défendus par tous ceux qui souhaitent de nouvelles

Lumières plus inclusives et plus respectueuses de notre environnement.

Comment faire de l'école un temps et un espace qui transmettent des connaissances mais qui donnent aussi une boîte à outils intellectuelle pour en produire et pour déceler les fausses informations ? Les réponses existent. J'ai déjà détaillé dans un précédent ouvrage les vertus d'un dispositif créé au CRI par Ange Ansour : Les Savanturiers – L'École de la recherche. Il permet d'initier les enfants, dès le primaire, à la méthode scientifique et même de les former aux défis de notre temps (par exemple par le biais du cours en ligne « Éduquer à l'anthropocène »). Ce projet se déploie actuellement dans le cadre de la nouvelle Académie du climat inaugurée par Anne Hidalgo dans les anciens locaux de la mairie du IVe arrondissement de Paris, pour offrir un lieu à la « génération climat » (les 9-25 ans) désireuse de comprendre ces enjeux et de s'engager pour la planète. Un des autres projets des Savanturiers qui me tient à cœur est celui où les enfants sont invités par leurs enseignants à réfléchir sur leur manière d'apprendre, sur les environnements d'apprentissage et leurs évolutions.

Il existe bien d'autres projets inspirants portés par de nombreux enseignants motivés. Ils demeurent malheureusement au mieux minoritaires, au pis marginaux, faute d'une formation adéquate des enseignants, que l'on recrute avant tout sur leurs savoirs disciplinaires, pas sur leurs compétences pédagogiques ni leur appétence pour la démarche scientifique. Rien ne sert de gloser sur l'école « émancipatrice », qui initie à « l'esprit critique » et prépare au « vivre-ensemble », si rien – ou si peu – n'est fait pour que les programmes et les méthodes y préparent les enfants et les adolescents.

La question se pose dans des termes proches concernant l'organisation de l'enseignement supérieur. Si les universités écossaises sont connues pour avoir joué un rôle majeur dans l'histoire européenne des Lumières, il n'en est pas de même pour leurs homologues françaises qui, accusées de conservatisme, ont dû fermer après la Révolution française. Il faut dire que les universités d'alors avaient un des quatre rôles de censeurs et qu'elles formaient les théologiens de l'Ancien Régime. Si elles savent s'organiser en ce sens, les universités d'aujourd'hui peuvent être un acteur clé dans l'émergence de nouvelles Lumières plus inclusives et plus durables. Elles peuvent être des laboratoires du monde de demain car elles regroupent à la fois des chercheurs de toutes les disciplines et des étudiants curieux et engagés qui veulent contribuer à relever les défis de notre temps. Si elles savent se réinventer en concevant, de manière collaborative, leurs campus, leurs cours, leurs manières de faire de la recherche et leurs diplômes avec les étudiants et la société civile, elles peuvent être les fers de lance des transformations de l'intelligence, de l'action et de la décision collective. Cela pourrait se faire de différentes manières, par exemple en organisant des conventions citoyennes sur l'avenir de l'université, comme cela a pu être fait sur le climat en ciblant plus particulièrement les étudiants.

Si cela vous semble utopique de concevoir des locaux, des cours et des diplômes avec les étudiants, sachez que c'est ce que le CRI a commencé à faire il y a plus de quinze ans dans le cadre de ce qui est devenu l'Université de Paris. Avec cet établissement, nous avons non seulement créé des diplômes de licence, master et doctorat et une unité mixte de recherche avec l'Inserm, mais aussi un Institut des Défis. L'idée de cet institut est d'aider les étudiants, les enseignants, les chercheurs, les facultés, les UFR et les établissements d'enseignement supérieur partenaires comme CY Université à réinventer les manières d'apprendre et d'enseigner par la recherche afin de relever les défis de notre temps. Pensé avant la crise de la Covid, cet institut que j'ai l'honneur de diriger avec Vincent Dahirel est sollicité par toujours plus d'acteurs, désireux de faire de même sur d'autres campus en France et à l'international et de créer des diplômes capables d'aider cette génération à relever leurs défis personnels, locaux et globaux. Il existe toujours plus d'initiatives de ce genre, en particulier depuis que l'Europe et le Secrétariat général pour l'investissement ont décidé de financer la transformation des universités. Pour ne citer qu'un exemple, Gaëll Mainguy et Muriel Mambrini accompagnent au CRI des groupes de travail sur le design de l'enseignement supérieur et de la recherche dans un monde en mutation, au sein de l'Agence universitaire de la francophonie, d'alliances européennes universitaires ou de l'Institut de recherche pour le développement.

S'il est vrai que les universités proposent aux étudiants un « enseignement par la recherche », il faudrait qu'elles puissent disposer de ressources et s'organiser en ce sens pour le rendre accessible aux étudiants dès la licence. Cela peut passer entre autres par une invitation à s'interroger et à créer des projets de recherche et d'engagement citoyen qui peuvent s'inspirer des sciences participatives, des sciences ouvertes et des questions sociétales et environnementales et par un meilleur accompagnement réservé aux étudiants qui veulent se lancer sur ces pistes. On devrait le faire notamment en combinant les sciences et les sciences humaines et sociales, champs qui recouvrent des disciplines fondamentales pour penser l'éthique et les défis du siècle (philosophie, anthropologie, histoire, sociologie, etc.). Mais aussi par la multiplication d'espaces de croisement des disciplines, tant il est vrai qu'aucun champ du savoir ne peut prétendre, aujourd'hui, couvrir l'ensemble des facettes d'un des grands défis de notre temps.

Quand on écoute les aspirations de la « génération Greta », qui est consciente des défis de l'anthropocène, on se dit qu'il existera toujours plus à l'avenir des diplômes où les étudiants pourront combiner expertise et engagement. Ils pourront devenir ce que Helga Nowotny, que j'ai déjà citée et qui préside notre conseil scientifique international, appelle des rebelles compétents. Des jeunes qui ont acquis les compétences pour comprendre les défis d'aujourd'hui mais qui sont capables de bousculer le *statu quo* qui n'est pas durable.

Si vous voulez voir ce que donne une université inspirée de ces principes, vous pouvez regarder ce qu'est devenue l'Arizona State University. Petite université locale, invisible sur les radars académiques internationaux il y a vingt ans, elle a depuis plus que doublé le nombre d'étudiants, quintuplé son financement de recherche, ouvert quarante centres de recherches interdisciplinaires et fait reculer d'un facteur trois l'échec des étudiants. Le secret de ses dirigeants ? Leur excellence se définit par qui ils incluent et pas par qui ils excluent, ils cherchent à contribuer aux défis locaux et globaux et ils se considèrent comme des entrepreneurs publics qui savent saisir les opportunités de partenariat au service de la réussite de leurs étudiants et de leur territoire. Ils ont ainsi plus de deux cents partenariats dans le domaine des technologies éducatives, ce qui leur permet de développer des outils numériques, de faire réussir les étudiants, de se déployer à l'international et d'être pour la septième année consécutive l'université la plus innovante des États-Unis. Que donnerait une approche de ce type en France ? Il est encore trop tôt pour le dire mais, comme leur président Michael Crow est venu au CRI nous proposer de coopérer afin d'aider toujours plus d'étudiants à relever leurs défis, je serai ravi de vous en dire plus à l'occasion.

Ces remarques sur la valeur de l'intelligence collective valent pour le champ médiatique. Les médias dits de référence, dans le monde entier, présentent deux points communs : être dotés de robustes règles déontologiques et employer de nombreux journalistes – à l'instar d'un article scientifique, un article de journal qui sera passé au tamis de plusieurs relectures a plus de chances de décrire objectivement la réalité. Certaines rédactions, comme celle du *New Yorker*, emploient des *fact checkers*, des « vérificateurs de faits », dont le métier consiste à lire et surtout à vérifier ligne par ligne tous les articles que publie le magazine.

En somme, avant d'accuser la sotte crédulité du public, commençons par délivrer le plus grand nombre d'informations de qualité, et formons les futurs lecteurs, dès l'école, à identifier ces informations, les sources fiables et les manipulations éhontées d'acteurs peu scrupuleux et d'algorithmes maximisant davantage la recherche du profit que celle de la vérité.

La mise en œuvre de ce qui précède implique que l'éducation, la recherche et les médias bénéficient de financements suffisants et qu'ils puissent, quand il le faut, s'abstraire des contingences de rentabilité ou de productivité. Tous les gestes intellectuels qu'un enfant apprend à l'école ne se mesurent pas à l'aune d'une bonne note sur le bulletin scolaire (par exemple la créativité). Toutes les recherches n'aboutissent pas à des applications concrètes et immédiates. Toutes les enquêtes journalistiques ne débouchent pas sur des articles qui méritent d'être publiés.

À côté des financements publics, qui doivent reposer sur l'obligation de moyens et non de résultat, des structures de type « fondation » peuvent offrir le bon cadre. Wikipédia est sans doute l'exemple qui synthétise le mieux les principes que je viens d'énoncer. En quelques années, ce site est devenu l'encyclopédie universelle que même le siècle des Lumières n'aurait pas rêvé réaliser. Grâce à la coopération bénévole à grande échelle de millions de contributeurs et à un modèle économique qui lui permet de rester gratuit. Comme le dit Dominique Cardon, le directeur du Médialab de Sciences Po, « en période d'incertitude sur la factualité, c'est une précieuse source de référence. Un socle dont nous avons besoin pour faire communauté[8] ». Vu l'importance de Wikipédia dans nos vies, on ne sera pas surpris de savoir qu'il s'est développé dans bien des domaines et qu'il fait l'objet de bien des manipulations dont la communauté des wikipédiens a dû apprendre à se défendre. Permettez-moi d'illustrer ces deux points.

Alors que j'écris ces lignes, je reçois d'un ami sur une messagerie collaborative une inspirante citation de Goethe : « Tant que nous ne nous engageons pas, le doute règne, la possibilité de se rétracter demeure et l'inefficacité prévaut toujours. En ce qui concerne tous les actes d'initiative et de créativité, il est une vérité élémentaire dont l'ignorance a des incidences innombrables et fait avorter des projets splendides. Dès le moment où on s'engage pleinement, la providence se met en marche. Pour nous aider se mettent en œuvre toutes sortes de choses qui, sinon, n'auraient jamais eu lieu. Tout un enchaînement d'évènements, de situations et de décisions imprévues, de rencontres et d'aides matérielles que nous n'aurions jamais rêvé de rencontrer sur notre chemin. Tout ce que tu peux faire ou rêver de faire, tu peux l'entreprendre. L'audace renferme en soi génie, pouvoir et magie. »

Désirant la partager dans ce livre, je cherche à en retrouver la source et je m'aperçois que cette citation, comme bien d'autres qui deviennent virales, n'est pas forcément exacte. Un site de la fondation Wikimédia et donc frère de celui de Wikipédia permet de vérifier cette citation, qui y est discutée dans la catégorie « mal attribuée » au moins dans sa version anglaise (je ne lis malheureusement pas l'allemand[9]). Tout se passe comme si cette citation inspirante était plus virale lorsqu'on l'attribue à un auteur plus connu qu'à celui qui l'a proposée. C'est probablement la même chose pour la phrase régulièrement attribuée à Saint-Exupéry que j'avais choisi de mettre en exergue de ce livre mais qui, vérification faite, est de Pierre Curie[10].

Heureusement, la communauté des wikipédiens a appris à se défendre contre les erreurs et même contre les manipulations qui ont crû avec sa notoriété. C'était déjà le cas lors du débat de la campagne présidentielle entre Sarkozy et Royal en 2007, et c'est toujours le cas malgré la vigilance des bénévoles de Wikipédia. La fausse nouvelle la plus persistante sur le site, à propos d'un camp d'extermination en plein Varsovie, a duré pendant des années et s'est propagée dans de nombreuses langues. Il a fallu la coopération d'un journaliste israélien (Omer Benjakob), de wikipédiens et de chercheurs pour l'effacer[11]. C'est un bon exemple du niveau d'exigence et de coopération qu'il faut savoir mettre en place pour rétablir les faits que des individus sans scrupule, ici des nationalistes polonais, cherchent à manipuler pour servir leur propagande.

Dans la majorité des cas, les médias ou les sites qui diffusent des informations appartiennent à des intérêts privés. Certains le rappellent spontanément quand ils estiment que cela contribue à éclairer les lecteurs (*Le Monde*, par exemple, précise toujours, quand il les cite, que Xavier Niel, Matthieu Pigasse ou Daniel Křetínský sont actionnaires du journal). Mais le plus souvent, la structure de l'actionnariat ou les intérêts en jeu demeurent méconnus. Au double risque de nourrir les thèses conspirationnistes ou, simplement, de tenir le lecteur dans l'ignorance d'une donnée qui pourrait éclairer sa compréhension des choix et du traitement de l'information. Dans le domaine de la recherche, les barrières sont connues et, désormais, de plus en plus souvent mises en œuvre. La plus évidente consiste à exiger des chercheurs qu'ils mentionnent à chaque publication les entités, publiques ou privées, qui les financent. Cela permet d'identifier plus facilement certains « marchands de doute » (titre d'un ouvrage que je recommande[12]) comme ceux qui ont été successivement payés par les industriels du tabac puis par ceux du pétrole pour nier dans les deux cas la vérité sur les liens entre tabac et cancer ou ceux entre émission de gaz à effet de serre et réchauffement climatique. Face à des manipulations aussi éhontées, il faut pouvoir mettre en œuvre des garde-fous et identifier les sources de financement des différents acteurs.

Ces enjeux capitalistiques sont donc tout sauf neutres. Comme le raconte par exemple un documentaire d'Arte, le magnat de la presse Rupert Murdoch, pour des raisons économiques, a mis tout le poids de son empire de presse au service d'abord des Républicains puis de Donald Trump (avec, pour fer de lance, la chaîne Fox News[13]). En France, le Groupe Bolloré prend le même virage avec CNews et, désormais, Europe 1.

D'autres modèles capitalistiques émergent, tels que celui que propose l'économiste Julia Cagé dans *Sauver les médias*[14] : la société de média à but non lucratif. À mi-chemin entre la fondation et la société par actions, elle dissocie les parts financières et les parts lors des votes, afin de limiter le pouvoir des

« gros actionnaires ». *Libération* s'est déjà engagé dans une voie de ce genre, *Le Monde* y travaille, c'est notre intérêt à tous.

Nicolas Jullien, directeur du groupe de recherche Marsouin, apporte une troisième pierre à l'édifice qui pourrait permettre de renouer la confiance entre le grand public et les médias (pris au sens large) : la notion de régulation. « Sur Wikipédia, il n'y a qu'un seul article sur [un sujet donné]. Si je veux y contribuer, je dois accepter que d'autres gens le fassent aussi, qu'ils évaluent mes contributions. Je dois faire des compromis et négocier[15]. » Qu'elle soit assurée par la communauté ou par la puissance publique, la régulation est essentielle. Tardivement, insuffisamment, les grands réseaux sociaux ont fini par comprendre qu'ils devaient instaurer un minimum de modération, que certaines valeurs, certains enjeux, devaient l'emporter sur les principes libertariens qui irriguent la Silicon Valley – ils l'ont fait, après avoir joué avec le feu pendant des années, en supprimant le compte de Donald Trump et de certains de ses soutiens lorsque la démocratie américaine a vacillé, en janvier 2021. Mais on peut se demander si c'est à eux de faire ces choix ou s'il ne faudrait pas mettre en œuvre des modes de régulation indépendants de leur modèle économique.

Il existe des moyens intermédiaires pour assurer cette régulation, qui ne consistent pas à interdire une publication mais à signaler aux lecteurs que la façon dont le sujet est traité est controversée (Wikipédia le fait sur certains articles). Ou à indiquer les présupposés idéologiques ou les croyances qui sous-tendent le travail de tel média. Ce type de démarche n'empêche pas la diversité d'opinion de s'exprimer. En France, l'État soutient même financièrement certains journaux d'opinion, par le biais des aides spécifiques, considérant que cela fait partie du jeu démocratique.

Des méthodes de travail les plus coopératives possible, des financements transparents, des modalités de régulation, des règles qui s'imposeront aux algorithmes de recommandation de contenus. Ces approches permettent de penser globalement les modalités de production et de diffusion des savoirs et de l'information, et d'espérer contrer les effets délétères des fake news disséminées par les algorithmes de recommandation qui jusqu'ici nous manipulent pour maximiser les revenus des géants du numérique. (Ré)aligner les intérêts du public, de l'intelligence collective et de l'intelligence artificielle, des systèmes éducatifs, et de celles et ceux qui y travaillent, des médias publics et privés et de leurs salariés… C'est ainsi que l'on peut envisager d'éviter le développement de la bêtise collective.

Nous pouvons aller plus loin : et si nous apprenions les uns des autres ?

– 2 –

ET SI NOUS APPRENIONS LES UNS DES AUTRES

Je n'y reviens pas : ce qui distingue notre espèce, ce qui lui a permis et lui permet d'atteindre un stade de développement qu'aucune autre espèce n'a atteint, ce n'est pas sa capacité à transmettre (les animaux s'apprennent des choses), c'est sa capacité à le faire à grande échelle et sur tant de sujets. C'est ce qui lui a permis de faire croître ses connaissances. Si cette croissance est spectaculaire aujourd'hui, la courbe d'apprentissage de notre espèce fut d'abord lente, presque imperceptible. Il faut des millions d'années pour passer de la maîtrise de quelques outils, puis du feu, à la maîtrise de l'agriculture, puis quelques milliers d'années pour passer à la révolution industrielle. Quelques années ont suffi à décoder le génome humain.

L'invention du langage et de l'écriture ont évidemment joué un rôle déterminant dans cette évolution car ils ont permis de transmettre une diversité d'idées, d'abord localement par la parole puis à distance grâce à l'écrit qui autorise aussi une transmission à travers les générations. Mais l'arrivée du numérique a radicalement changé la donne en accélérant les flux d'informations qui traversent la planète en un clin d'œil et en permettant à tous d'émettre, de recevoir et de relayer des informations à haute fréquence.

Revenons sur l'organisation de la transmission. De la veillée au coin du feu à la télévision, les systèmes de transmission ont peu d'émetteurs et sont organisés sur des flux qui peuvent être unidirectionnels. Certains individus savent. J'apprends essentiellement par eux. Ce sont les parents, les pairs et les aînés, dans le cercle familial ou au sein d'une communauté qui, longtemps, reste réduite à quelques dizaines de personnes. Puis apparaissent des formes d'enseignement individuelles (précepteurs) ou collectives (le lycée grec, les premières écoles, les monastères). Elles reposent sur le savoir engrangé par une minorité (les savants, les prêtres…) qui a accès aux livres, outils rarissimes jusqu'à récemment au regard de l'histoire. Les premières universités émergent d'ailleurs, au Moyen Âge, autour des bibliothèques. Les étudiants prennent l'habitude de se loger à proximité, dans des collèges qui ressemblent plus à des auberges de jeunesse qu'à des établissements d'enseignement au sens où on l'entend aujourd'hui. En France, celui de Robert de Sorbon, qui accueille les étudiants nécessiteux, donnera naissance à la Sorbonne. Sa devise : « Vivre en bonne société, collégialement, moralement et studieusement » (*Vivere socialiter et collegialiter et moraliter et scholariter*). L'apprentissage se fait par les pairs et en fréquentant des maîtres dans les facultés (les universités anglo-saxonnes ont conservé une organisation en collèges et facultés proche de ce modèle originel). Mais on reste sur une échelle restreinte et, surtout, dominée par une puissance tutélaire (l'Église) dont il n'est pas question de contester l'autorité. Le siècle des Lumières et ceux qui suivront commencent à substituer le cogito au credo, la science et la rationalité aux croyances, et développent une communauté scientifique d'abord par le biais de la création des académies, modernisent progressivement les universités et, en France, créent les grandes écoles puis des organismes de recherche.

Le XIXe et le XXe siècle généralisent l'éducation des enfants dans des systèmes scolaires. Mais là encore, le modèle demeure le même : un « sachant » délivre le savoir à des élèves et étudiants, en petits groupes, selon un modèle pédagogique hérité des écoles jésuites. Les pédagogies alternatives qui, très tôt, tentent de s'imposer resteront marginales, qu'il s'agisse de l'enseignement par les pairs (enseignement mutuel) que l'on trouve dès le XVIIIe siècle en Angleterre, ou de l'apprentissage par le faire (*learning by doing*) qui pourtant a fait ses preuves chez les compagnons depuis des siècles. La généralisation du livre et de la presse (grâce à des innovations technologiques qui envoient dans les musées l'antique presse de Gutenberg) puis l'invention de la radio et de la télévision démultiplient les possibilités de diffusion du savoir, mais là encore sur un modèle centralisé et, surtout, à sens unique (pour le dire vite : on apprend en silence, le questionnement n'est pas de mise).

Vient l'informatique, puis Internet. Et un changement de paradigme dont on n'a pas fini de penser les effets : nous avons désormais non seulement la possibilité de stocker un nombre presque infini de données (de connaissances), mais chacun peut y accéder librement (en tout cas dans les pays où l'accès n'est pas régulé) et, adoubé ou non par un tiers de confiance, ajouter des données à cette bibliothèque universelle en publiant ce qu'il souhaite. Le système est décentralisé, non régulé, horizontal ; il caresse le rêve et le cauchemar de la tour de Babel, celui d'un espace commun destiné à élever l'humain à des altitudes jamais atteintes, mais au risque de l'autodestruction si aucun langage commun n'est trouvé.

Comment continuer à apprendre les uns des autres à une telle échelle, quand les uns (ceux qui enseignent) et les autres (ceux qui apprennent) sont potentiellement aussi nombreux ? Ici intervient un impératif qui n'est pas nouveau, mais qui acquiert une urgence inédite : donner à toutes et tous les moyens d'exercer leur esprit critique. Comment faire ?

Puisque je plaide pour que nous apprenions les uns des autres, permettez-moi de repartir des œuvres de deux personnalités dont j'ai beaucoup appris, à commencer par Edgar Morin. Dès 1999, le philosophe et sociologue formule dans un ouvrage intitulé *Les Sept Savoirs nécessaires à l'éducation du futur* des principes encore valables[1]. Le premier propose de lutter contre les « cécités de la connaissance » en combattant « l'erreur et l'illusion ». Pour Edgar Morin, « la connaissance ne peut être considérée comme un outil prêt à l'emploi, que l'on peut utiliser sans examiner sa nature. Aussi la connaissance de la connaissance doit-elle apparaître comme une nécessité première qui servirait de préparation à l'affrontement des risques permanents d'erreur et d'illusion, qui ne cessent de parasiter l'esprit humain[2] ». Comprendre le cerveau, donc, son fonctionnement et ses biais cognitifs est essentiel – je l'ai déjà mentionné. Depuis, un nouveau défi s'est invité : comprendre comment les machines apprennent. Les algorithmes les plus élaborés qui mettent en action « l'intelligence artificielle » ne doivent pas constituer un mystère indéchiffrable. Nous devons apprendre à interagir avec ces systèmes, à les concevoir et à les utiliser selon une éthique humaniste. Cela ne relève pas d'une discipline en particulier et si un sujet, un seul, devait justifier une montée en puissance des approches interdisciplinaires, ce serait celui-ci, car il croise sciences expérimentales, sciences dites « dures » et sciences humaines et sociales.

Edgar Morin consacre d'ailleurs son deuxième chapitre (« Les principes d'une connaissance pertinente ») à cette question : « Il est nécessaire, explique-t-il, de développer l'aptitude naturelle de l'esprit humain à situer toutes ses informations dans un contexte et un ensemble [et] d'enseigner les méthodes qui permettent de saisir les relations mutuelles et influences réciproques entre parties et tout dans un monde complexe. » Nous ne sommes pas préparés à nous situer dans le temps long (à l'échelle de l'histoire de l'univers, ou même, seulement, à l'échelle de l'arrivée de notre espèce). Nous ne sommes pas préparés à nous situer dans un espace qui excède celui qui nous entoure, nous avons déjà du mal à penser notre planète et peinons vraiment à penser l'infiniment grand comme l'infiniment petit. Si vous ne l'avez pas encore fait, prenez dix minutes pour regarder le petit film produit en 1977 par IBM et intitulé *Powers of Ten*[3]. À partir de l'image d'un couple en train de pique-niquer, il rend sensibles ces échelles en deux temps. D'abord un spectaculaire zoom arrière, qui situe cette femme et cet homme à l'échelle de l'univers, puis un non moins impressionnant zoom avant qui pénètre l'intérieur du corps humain jusqu'à nos cellules, nos molécules et aux composants élémentaires de la matière. Alors que l'approche de la *Big History*, que j'ai déjà citée, nous fait changer d'échelles de temps, ce film très complémentaire nous permet de jouer avec les échelles d'espace. Les deux, en nous décentrant, nous aident à changer de perspective et à éviter de nous prendre pour la finalité ou le centre de l'univers, comme nous sommes parfois tentés de le faire.

Les troisième et quatrième piliers nous permettent de nous inscrire dans une identité humaine, en étudiant notre condition qui est à la fois « physique, biologique, psychique, culturelle, sociale, historique », indique Morin, mais aussi dans une identité terrienne, dont la reconnaissance « sera de plus en plus indispensable pour chacun et pour tous [et doit] devenir un des objets majeurs de l'enseignement ». Ce point est encore plus essentiel aujourd'hui, à mesure que se précisent les menaces que nos modes de vie font peser sur la planète, sur le plan du climat comme sur celui de la biodiversité. Ne nous laissons pas bercer par les illusions de colonisation martienne que colportent les milliardaires de la Silicon Valley comme Elon Musk ou Jeff Bezos (qui essaie de se convaincre et en tout cas de convaincre les autres d'un nouveau récit que l'on peut qualifier d'illimitisme, la croyance en des ressources illimitées que nous pourrions facilement conquérir si ce n'est sur Terre du moins dans l'espace). Or, il n'y a pas de plan B car il n'y a pas de planète B. L'espace que nous pouvons atteindre avec les moyens dont nous disposons est à la fois distant et hostile. Comme le rappelle l'astrophysicien Louis d'Hendecourt, « sans eau (ou si peu), sans atmosphère (ou si peu), sans volatiles et organiques (ou franchement si peu), sans tectonique des plaques contrôlant le cycle du dioxyde de carbone sur Terre, sans champ magnétique protecteur d'un rayonnement cosmique féroce et avec des températures qui feraient prendre le sommet de l'Everest pour un sauna tropical, Mars est par définition une planète inhabitable, certainement à des êtres aussi complexes que nous, au sens large, mais probablement tout autant à des bactéries qui n'ont à ce jour pas encore été découvertes[4] ». S'il est légitime de chercher à savoir s'il existe d'autres formes de vie dans l'univers, au-delà de l'ego de quelques milliardaires, utiliser nos précieuses ressources pour des chimères de colonisation de Mars est plus que douteux. D'autant que certains essaient de nous faire croire qu'il serait légitime de surexploiter la Terre pour mieux aller coloniser d'autres planètes. Il est bien plus urgent et vital de prendre conscience de la fragilité de notre environnement que de gaspiller nos précieuses ressources en tentant de créer les conditions d'une vie hors de la bien nommée biosphère.

Le cinquième chapitre du livre d'Edgar Morin interroge : comment « affronter les incertitudes » ? « L'abandon des conceptions déterministes de l'histoire humaine qui croyaient pouvoir prédire notre futur, l'examen des grands évènements et accidents de notre siècle qui furent tous inattendus, le caractère désormais inconnu de l'aventure humaine doivent nous inciter à préparer les esprits à s'attendre à l'inattendu pour l'affronter ». La période ouverte par la pandémie de

Covid-19, début 2020, nous confronte, à une échelle méconnue, à cette incertitude, et nous avons pu mesurer à quel point nous étions nombreux à être perdus face à une situation que nous ne savions plus maîtriser. Faute d'avoir appris, comme le suggère Morin, à « naviguer dans un océan d'incertitudes à travers des archipels de certitude », nombre d'entre nous se sont sentis violemment scindés entre leur désir de savoir, de comprendre, de prévoir, et leur désir de vérité. Nombre de gouvernements, parmi lesquels le nôtre, dont les membres ne sont pas mieux formés que les autres citoyens à la gestion de l'incertain, ont jonglé avec ce paradoxe, reprenant d'une main politique (ils ont formulé des certitudes, qui se sont parfois révélées fausses voire nocives) ce qu'ils avaient donné d'une main scientifique (l'incertitude face à un virus inconnu). Devant les difficultés, les philosophes stoïques nous invitaient à rechercher les ressources et le courage pour changer ce que l'on peut changer, la sérénité pour accepter ce que l'on ne peut pas changer et la sagesse pour distinguer les deux. Cette sagesse devrait être au cœur de toute éducation.

Le sixième des sept piliers que pose Edgar Morin consiste à « enseigner la compréhension » ; il recoupe largement ce que j'ai jusqu'ici appelé « empathie » ou « compassion », une façon de « réformer les mentalités » qui nous permette de vaincre « racismes, xénophobies, mépris ». Il conduit au septième et dernier pilier, sur lequel j'ai introduit cette longue référence aux travaux du philosophe : enseigner une « éthique du genre humain », afin d'aller vers « les deux grandes finalités éthico-politiques du nouveau millénaire : établir une relation de contrôle mutuel entre la société et les individus par la démocratie, accomplir l'humanité comme communauté planétaire ».

Je dois beaucoup à un autre philosophe, qui était également mathématicien : Condorcet. Ses mémoires sur l'instruction publique de 1791 et son rapport sur l'organisation générale de l'instruction publique de 1792 recèlent des enseignements et propositions toujours pertinents. Outre ses combats pour l'égalité entre femmes et hommes et contre l'esclavage, je retiens d'abord la façon dont il propose d'articuler deux exigences toujours d'actualité : doter chacun de « ce qui est nécessaire pour se conduire lui-même et jouir de la plénitude de ses droits[5] » (on dirait aujourd'hui : former à la citoyenneté) et « assurer à chacun la facilité de perfectionner son industrie, de se rendre capable des fonctions sociales auxquelles il a droit d'être appelé, de développer toute l'étendue des talents qu'il a reçus de la nature » (on dirait aujourd'hui : développer son potentiel pour contribuer au bien commun, voire trouver son *ikigai*). Cela passe, selon lui, par un temps dédié à l'acquisition de ce qu'on appelle aujourd'hui le « socle commun » de connaissances, préalable à l'entrée dans des savoirs plus élaborés.

Cette instruction, Condorcet souhaite qu'elle soit délivrée dans un esprit de bienveillance : « La vie humaine n'est point une lutte où des rivaux se disputent des prix ; c'est un voyage que des frères font en commun, et où chacun employant ses forces pour le bien de tous, en est récompensé par les douceurs d'une bienveillance réciproque, par la jouissance attachée au sentiment d'avoir mérité la reconnaissance ou l'estime. » Il préconise pour cela (sans succès à ce jour) que

réticences à faire entrer à l'école des outils open source et développés pour le bien commun d'enseignement adaptatif (*adaptive learning*) ? Ils mettent à la disposition des enseignants toute une palette de services qui, en les libérant de certaines tâches automatisables, leur donnent la possibilité de se concentrer sur ce à quoi eux seuls peuvent initier les élèves. Pourquoi ne pas multiplier les propositions pédagogiques, afin de permettre une diversité plus grande des apprentissages, tant sur le fond (ce qu'on apprend) que sur la forme (la façon dont on apprend) ? Pourquoi ne pas s'appuyer sur des IA open source et éthiques afin de tisser des liens, dans le monde entier, entre les personnes qui se passionnent pour les mêmes sujets et dont les savoirs peuvent se combiner et s'enrichir ?

Il n'y a pas de sujet plus politique que l'éducation, et il n'est pas anodin que le premier geste des régimes qui s'installent soit de toucher aux programmes d'enseignement ou au fonctionnement des écoles. Ils sont confrontés, à l'échelle d'un pays, au défi qui consiste à articuler ce qui se passe dans une petite unité (la classe) avec un vaste projet éducatif et politique (diffuser un socle commun de savoirs, de valeurs, de « gestes civiques » qui permettent de vivre ensemble). Comment passer de ces échelles nationales à une échelle mondiale ? Comment affronter, en tant qu'espèce, nos défis communs, en liant ce qui se passe dans les classes et ce qui se passe au niveau de la planète voire de l'univers ? Comment éduquer à l'anthropocène ? Comment relier politiquement les êtres humains ? Une figure mathématique peut nous aider : la fractale.

Et si nous inventions une citoyenneté fractale ?

– 3 –

ET SI NOUS INVENTIONS UNE CITOYENNETÉ FRACTALE

Les fractales ont été inventées par le mathématicien franco-américain Benoît Mandelbrot. Elles décrivent des formes géométriques identiques quelle que soit l'échelle à laquelle on les observe. La plus populaire est sans doute celle du chou romanesco : le plus petit fragment, observé à la loupe, ressemble à un chou entier. À quoi pourrait ressembler une démocratie fractale ? À une démocratie qui présente le même mode de fonctionnement à toutes les échelles.

Elle l'est déjà en partie. Par son histoire : elle s'est d'abord développée dans des périmètres restreints avant, petit à petit, de s'étendre, en appliquant à des échelles toujours plus importantes ses principes fondateurs, et en s'ouvrant à un nombre toujours croissant de personnes – depuis l'époque, fondatrice, de la démocratie athénienne, conçue pour un nombre réduit de citoyens (trop réduit à mon goût puisque seuls une minorité d'habitants d'Athènes en étaient citoyens), jusqu'aux grandes démocraties contemporaines.

Cette évolution a eu partie liée avec celle des modes de communication. Plus on a pu diffuser des informations (et des lois) vite et loin, plus il a été possible d'étendre le champ démocratique. Mais la possibilité de débattre directement restait, elle, tributaire de la taille des forums, de la possibilité physique d'organiser des débats contradictoires. On débat ainsi dans des agoras, des universités, des tribunaux, des salons, des académies, des conseils, des clubs... Internet a fait voler en éclats ces limites, en offrant, pour la première fois de l'histoire, la possibilité d'organiser des débats à grande échelle, y compris à l'international. Ce qui pourrait être une excellente nouvelle, considérant que les enjeux les plus saillants de notre survie ne peuvent pas être traités à l'échelle des États.

En instaurant une « citoyenneté européenne », notre continent a effectué un pas important. Elle octroie à tous les Européens des droits formulés dans la Charte des droits fondamentaux de l'Union européenne[1] – en matière de dignité (droit à la vie, droit à l'intégrité de la personne...), de liberté (protection des données à caractère personnel, liberté de pensée, de conscience et de religion, d'expression et d'information, liberté professionnelle et droit de travailler, droit d'asile...), d'égalité (non-discrimination, diversité culturelle, religieuse et linguistique, égalité entre hommes et femmes, droits de l'enfant...), de solidarité (droit de négociation et d'actions collectives, droit d'accès aux services de placement, protection en cas de licenciement injustifié, sécurité sociale et aide sociale, protection de la santé...), de citoyenneté (droits de vote et d'éligibilité aux élections au Parlement européen et aux élections municipales, liberté de circulation et de séjour, protection diplomatique et consulaire...) et de justice (droit à un recours effectif et à un tribunal impartial, présomption d'innocence et droits de la défense, droit à ne pas être jugé ou puni pénalement deux fois pour une même infraction...).

En revanche, vous pouvez, par conviction, vous déclarer « citoyen du monde », mais aucun droit ne sera attaché à cette revendication. Et aucune organisation mondiale n'est désignée par un suffrage direct. Les Nations unies, par exemple, ne comportent aucune instance élue, aucune « chambre des citoyens ». De plus, elles ne traitent pas de tous les sujets : les sujets commerciaux et financiers par exemple ne dépendent pas d'elles mais de l'Organisation mondiale du commerce, du Fonds monétaire international ou de la Banque mondiale. On voit qu'il n'existe aucune instance de gouvernance globale élue au suffrage universel capable de prendre en compte toutes les dynamiques pour démocratiquement choisir notre avenir commun et y investir les ressources nécessaires.

En outre, qu'elles soient mondiales, continentales, nationales ou locales, la quasi-totalité des instances démocratiques fonctionnent sur le mode de la délégation. Vous votez, à intervalles réguliers, pour des candidats qui, une fois élus, sont censés défendre vos intérêts ou, plus largement, les valeurs dans lesquelles vous vous reconnaissez. C'est la démocratie représentative, et elle est à l'évidence adaptée à un monde où l'information circule lentement, où le fait de réunir un grand nombre de personnes dans un espace commun est complexe, et où les élus (le personnel politique) jouissent d'une confiance constante et suffisante de la part des électeurs. Elle souffre, en outre, de déséquilibres structurels. Un premier touche à son cœur même, la capacité de représenter. On peut dire que la démocratie de délégation n'est jamais représentative en raison des biais systémiques qui l'affectent : certains sont toujours mal, peu ou pas représentés – les moins éduqués, les plus pauvres, les plus jeunes, les femmes, les immigrés, les handicapés… Un second renvoie au rôle de l'argent dans les élections. Aux États-Unis par exemple, le suffrage universel est pondéré par le compte en banque, au point que le résultat est mieux prédit par les sommes récoltées que par les meilleurs sondages.

Il est grand temps d'enrichir ce système d'autres modalités d'expression et de prise de décision, à toutes les échelles.

Première piste : la constitution d'assemblées *ad hoc*, sur des sujets spécifiques. La France l'a fait avec la Convention citoyenne pour le climat. Cent cinquante personnes de 16 à 80 ans représentatives de la société française ont été tirées au sort et ont travaillé pendant plusieurs mois afin de soumettre cent quarante-neuf propositions au gouvernement, qui en a repris un certain nombre dans le projet de loi « portant lutte contre le dérèglement climatique et renforcement de la résilience face à ses effets ». Selon un décompte réalisé par *Le Monde*[2], une majorité des mesures (soixante-dix-huit, soit 53 %) ont été « partiellement reprises » et dix-huit ont même fait l'objet d'une reprise intégrale ; « vingt-trois autres propositions sont absentes de l'action de l'exécutif et n'ont pas été reprises », en plus de trois mesures « rejetées d'emblée par l'Élysée ». L'on peut évidemment voir le verre à moitié vide ; tout n'a pas été repris, et les conventionnels ont sévèrement jugé les décisions prises par le gouvernement à la suite de leurs travaux. On peut aussi le voir à moitié plein et, surtout, si l'on ne se contente pas de la photo à l'instant T, constater que le verre se remplit. Comme le souligne la politologue Hélène Landemore, spécialiste de la démocratie délibérative et enseignante à Yale, aux États-Unis : « Les cent cinquante citoyens ont rendu des propositions ambitieuses et permis aussi de médiatiser les enjeux climatiques : 70 % des Français disent aujourd'hui connaître ces propositions. Des parlementaires et ministres, qui levaient les yeux au ciel il y a un an, considèrent aujourd'hui la Convention comme un acteur politique à part entière[3]. (...) Si l'on prend un peu de distance et que l'on se place dans une perspective internationale, poursuit-elle, cette première assemblée citoyenne dans un pays de grande taille à la population multiculturelle est une étape importante dans un mouvement plus global : une future assemblée citoyenne mondiale sur le climat se prépare, qui va rassembler mille personnes tirées au sort sur les cinq continents. »

Deuxième piste, les technologies civiques (*civic tech*). Il s'agit de plateformes numériques qui permettent de collecter des données à toutes les échelles, y compris très grandes, d'organiser la confrontation des idées, l'évaluation des propositions et, *in fine*, d'aider à la décision. Transparentes (open source), des plateformes comme allourideas[4] ou pol.is[5] sont très faciles à utiliser et le sont déjà par des millions de personnes. La première héberge, au moment où j'écris ces lignes, plus de 20 000 consultations et a suscité plus de

42 millions de votes autour de questions soumises par les Nations unies (sur le développement durable), l'OCDE (sur l'éducation), la ville de Calgary (pour son budget participatif), ou encore celle de New York, qui s'en est inspirée pour faire émerger plusieurs projets en matière d'environnement. La seconde a notamment été popularisée par une personne dont on a déjà parlé dans cet ouvrage : Audrey Tang, « hackeuse citoyenne » taïwanaise, ex-leader du mouvement des Tournesols en 2014, jeune femme transgenre devenue, à 35 ans, ministre du Numérique de son pays. Elle a déployé toute une série d'outils de consultation et surtout de délibération qui font aujourd'hui partie intégrante de la vie démocratique de cette île : « Les gens sont libres d'exprimer leurs idées, de voter pour ou contre les idées des autres. Mais l'astuce, c'est de montrer aux gens les principaux points de division et de consensus, et de ne réagir qu'aux idées qui peuvent convaincre toutes les différentes sensibilités. Les gens sont donc encouragés à proposer des idées plus éclectiques et nuancées. Ils découvrent à l'issue de cette consultation que les gens s'accordent avec la plupart de leurs voisins sur la plupart des questions. Et c'est ce que nous appelons le mandat social ou le mandat démocratique[6]. »

Applicables à toutes les échelles, les *civic tech* sont un véhicule idéal pour allier pensée globale et actions locales. Elles offrent aussi une ressource essentielle pour lutter contre les biais cognitifs et les manipulations, dont j'ai déjà parlé, puisqu'elles permettent d'éduquer le public aux sujets sur lesquels il est appelé à délibérer. Et sont infiniment plus simples et plus rapides à déployer qu'un système de vote physique avec isoloirs et bulletins de vote.

Une déclinaison encore balbutiante des *civic tech* s'observe dans un nombre croissant de villes avec le principe du budget participatif. Il s'agit là de permettre aux citoyens de formuler des préférences ou des propositions sur l'utilisation d'une partie du budget. Inventé à Porto Alegre (Brésil) en 1989, le système s'étend. « En l'espace de six ans, [les budgets participatifs] auront connu un essor sans précédent. De sept démarches en activité en 2014, la France en compte cent soixante-dix en 2020, confirmant leur doublement année après année. Il est une forme de participation nouvelle, à côté des élections des représentants[7]. » Les sujets privilégiés par les habitants traduisent la montée en puissance des préoccupations liées à l'environnement, qui s'est manifestée dans les urnes lors des élections municipales de 2020, lors desquelles les écologistes ont emporté pour la première fois plusieurs grandes métropoles, seuls ou alliés à des édiles socialistes. « 40 % des projets arrivés en tête des votes [ont trait directement à l'environnement et] les projets liés à l'aménagement et au cadre de vie, qui viennent en deuxième position, ou ceux liés à la mobilité, placés en quatrième position, orientent également les investissements vers une ville plus respectueuse de l'environnement[8]. » C'est ainsi qu'ont fleuri dans les villes zones piétonnes, places végétalisées, nichoirs à oiseaux… Éprouvé au niveau local, ce système a aussi été testé au niveau régional (dès 2004 en Poitou-Charentes avec le budget participatif des lycées). C'est typiquement un dispositif qui se prête à un développement fractal et dont les vertus pourraient être employées à tous les niveaux, y compris à l'international où à ce stade nous n'avons pas su déployer ces outils qui pourraient être essentiels pour penser notre avenir sur les grandes questions environnementales.

Une troisième piste relève non de la technique mais de la méthodologie ou de l'état d'esprit : c'est ce que les Finlandais appellent le « gouvernement humble ». Il postule que la résolution des problèmes complexes commence par interroger les enjeux structurels et culturels de la prise de décision politique afin de renoncer au *top down* (la décision prise en haut) pour un « modèle en réseau[9] ». La Finlande a procédé de la sorte tant pour réformer – avec succès – son système éducatif que pour construire sa politique sanitaire contre la Covid-19. La mise en œuvre de cette humilité suppose quatre conditions.

La première consiste à rechercher un consensus, fût-il minimal, sur les objectifs poursuivis et les valeurs communes qui les sous-tendent. Cette phase passe par une véritable délibération et pas seulement par des négociations classiques entre parties prenantes, et elle étend la recherche du consensus aux partis d'opposition afin que les réformes initiées soient poursuivies même en cas d'alternance. Deuxième condition : donner de l'autonomie aux différentes entités appelées à mettre en œuvre la réforme ; une fois les objectifs posés, chacun les poursuit selon ses méthodes, soutenues par des aides et des incitations. Troisième condition : des boucles de rétroaction au sein desquelles circule tout ce que les parties prenantes apprennent en mettant en œuvre la réforme. Il ne s'agit pas de simples évaluations mais d'espaces d'échanges et de formation permanente afin de pouvoir apprendre les uns des autres. Quatrième et dernière condition, la possibilité de réviser la réforme en permanence, dès lors qu'une situation ou une connaissance nouvelles remettent en cause ce qui a été mis en œuvre. C'est la base même de la démarche scientifique. Il me semble évident que des dispositifs de ce type devraient s'appliquer aussi à toutes les autres pistes évoquées dans ce chapitre ou dans ce livre. Contrairement à ceux qui prétendent avoir reçu une vérité révélée, aucune des pistes évoquées ici n'est autre chose que des idées qui se doivent d'être testées et améliorées en continu.

Les Finlandais ne sont pas plus « programmés » que d'autres pour mettre en œuvre ce type de fonctionnement ; le rapport consacré au « gouvernement humble » précise qu'il requiert « une nouvelle culture du système politique et administratif ».

Lorsque la France organise des conférences de consensus, un « grand débat » ou une Convention citoyenne pour le climat, elle n'est pas très éloignée de ces principes, au moins en ce qui concerne la quête d'objectifs communs. L'exécution administrative, en revanche, laisse peu d'espace à l'autonomie des acteurs, et les systèmes d'apprentissage entre pairs sont inexistants – le nom des entités qui, dans chaque administration, sont censées évaluer la mise en œuvre des politiques en dit long sur la nature verticale de l'organisation : elles sont baptisées « inspections » de l'éducation, des affaires sociales, des finances, etc. ; mot qui, indépendamment des qualités humaines desdits inspecteurs, traduit assez peu l'écoute, l'empathie, le souci d'accompagner…

Allier *civic tech*, conventions citoyennes sous diverses formes et gouvernement humble pourrait permettre de déployer, à toutes les échelles, des espaces de délibération démocratique qui intégreraient, dans leur structure et leur fonctionnement, les piliers d'une décision éclairée : la recherche de la compréhension des faits (par la science), la formation permanente des acteurs et l'écoute des oppositions et contre-pouvoirs.

Si nous étendions ces modalités d'expression démocratique à l'échelle planétaire, un autre geste pourrait alors être étendu du local et du national au global : payer des impôts. Nous contribuons aujourd'hui indirectement au financement de l'Union européenne et des organismes internationaux dont la France est membre, puisqu'une (petite) partie du budget du pays abonde ceux de l'UE ou de l'ONU. L'impôt est en effet au cœur du pacte démocratique. Il définit la façon dont, concrètement, au sein de chaque société, nous décidons de prendre soin les uns des autres en partageant une partie de nos richesses.

Les impôts globaux, aujourd'hui décidés par l'ensemble des pays et qui devront être payés par les multinationales qui jusque-là jouaient des paradis fiscaux pour y échapper, pourraient à terme servir à financer les biens communs globaux dont nous avons tous besoin, parmi lesquels la recherche, la qualité de l'information, les vaccins, la santé, l'éducation, les outils d'intelligence collective et de prise de décision collective. Une autre manière de financer ces biens publics globaux serait la création monétaire. Le FMI, qui gagnerait comme la Banque mondiale et l'Organisation mondiale du commerce à rejoindre les instances des Nations unies et à en respecter la Charte, a la possibilité d'émettre des droits de tirage spéciaux qui peuvent être investis comme une monnaie. À la manière d'une banque centrale, il pourrait en émettre pour financer l'achat des droits de propriété sur des technologies essentielles pour l'avenir de l'humanité (par exemple les vaccins contre la Covid, celles qui facilitent nos apprentissages individuels et collectifs ou les technologies favorisant la décarbonation de nos économies et la sobriété énergétique).

Je n'ignore pas les reproches que l'on peut adresser au fonctionnement actuel des systèmes ou instances dont je parle. Il est vrai que les budgets participatifs n'influent que sur des portions minimes des budgets globaux. Il est vrai que les décisions prises après des consultations citoyennes sont souvent bien en deçà des vœux formulés par les personnes qui les ont alimentées. Il est vrai que l'Europe sociale est en retard sur l'Europe économique et financière. Il est vrai que les Nations unies échouent trop souvent à faire prévaloir leur Charte sur les égoïsmes et les conflits nationaux. Mais renversons le point de vue : sans ces instances et modalités, nombre de progrès n'auraient jamais été accomplis. Et il a fallu des siècles d'innovation sociale, politique, technologique, scientifique, et des révolutions pour étendre la démocratie de l'agora athénienne à plusieurs centaines de millions d'êtres humains.

C'est même précisément en raison de la durée de ces processus qu'il convient de s'y atteler rapidement et résolument.

Un autre facteur d'urgence tient à la montée des nationalismes, partout dans le monde. La traduction politique du nationalisme repose malheureusement sur des ressorts de rejet de « l'autre » qui mènent à la haine, à la déshumanisation de celles et ceux qui ne sont pas « comme nous », ouvrant la voie aux crimes de masse et aux génocides. Alors qu'une communauté humaine emboîtée et interdépendante, inspirée de la vision de Haidt présentée en introduction, une sorte de nationalisme inclusif, « éthique », bienveillant, solidaire, pourrait être une force positive, s'il invitait à « faire nation » tous ensemble, à s'entraider massivement, à protéger tous les individus, et à construire des alliances vertueuses avec d'autres nations. Il faudrait, pour cela, comme évoqué précédemment, que la solidarité que l'on ressent s'étende à l'échelle de l'humanité, pas seulement de nos plus proches.

Nous l'avons vu, il est dans notre nature biologique de réserver d'abord notre sollicitude à ce et à ceux que nous reconnaissons comme nôtres.

Bien des espèces le font et disposent de mécanismes de prise de décision collective. Abeilles ou fourmis, ainsi, mettent en œuvre des processus démocratiques : elles partagent des informations en permanence et expriment une forme primitive « d'opinion ». Par exemple, les abeilles « dansent » pour signifier qu'il est bon d'aller dans telle direction ; les fourmis laissent des traces chimiques sur le parcours qui mène de la fourmilière à une ressource alimentaire. Ce fonctionnement est profondément ancré dans le vivant. Même les bactéries procèdent au « vote » et s'en servent pour se décider à faire leurs propres « et si nous ». Elles font de la « détection du quorum », un mécanisme qui leur permet de communiquer entre elles par le biais de signaux moléculaires et de produire une action collective lorsqu'elles « savent » qu'elles sont assez nombreuses pour que l'effet de cette action collective leur soit profitable.

C'est une forme primitive et inconsciente de démocratie permanente, une fabrique de l'opinion en temps réel qui peut s'apparenter à ce que les réseaux sociaux permettent aujourd'hui : une interconnexion constante, productrice de courants d'adhésion (ou de rejet), capable de mettre en mouvement des individus à un niveau potentiellement illimité. La démocratie doit apprendre à coexister avec ces nouvelles formes d'expression, qui n'attendent ni partis ni élections pour se fédérer. La France vit ainsi depuis l'automne 2018 sous un régime de manifestations hebdomadaires qui se cristallisent par le biais des réseaux sociaux et que seuls les confinements liés à la pandémie ont interrompu – d'abord les Gilets jaunes, puis les opposants au passe sanitaire, qui se retrouvent tous les samedis dans les rues de dizaines de villes, et écrivent une partie de l'agenda politique, voire sont à l'origine de réformes (le mouvement des Gilets jaunes a donné lieu au grand débat et à la Convention citoyenne pour le climat).

En Asie, c'est l'« alliance du thé au lait » (« Milk Tea Alliance ») qui tente de faire bouger les régimes. Absconse d'un point de vue occidental, l'image du thé au lait est limpide pour les Asiatiques : elle désigne en creux la Chine, seul pays de la région où l'on ne boit pas de thé au lait. Cette alliance promeut, avec quelques nuances, des valeurs qui s'opposent à celles du régime chinois : « La défense de la démocratie, de l'État de droit, de la liberté, une lutte contre l'usurpation du droit du peuple à choisir sa destinée[10] », détaille la sinologue Chloé Froissart, de l'Institut national des langues et civilisations orientales (Inalco). Comme l'explique *Le Monde*, « si des solidarités se tissent entre les jeunesses politiquement engagées [de Hong Kong, de Thaïlande ou de Birmanie], c'est pour s'opposer à des reprises en main autoritaires qui puisent dans la boîte à outils du géant chinois et se réclament, plus ou moins explicitement, du discours anti-valeurs universelles en vogue à Pékin[11] ». On sait aussi ce que Donald Trump doit à la combinaison de la force de frappe de médias classiques comme la chaîne de télévision Fox News et de l'usage des réseaux sociaux par ses supporters et, bien sûr, par lui-même.

La démocratie est née des Lumières avec l'émergence de l'opinion publique – que l'on date généralement, en France, de l'affaire Calas, quand Voltaire entreprit de mener une campagne pour faire pression sur la justice royale et casser une décision qu'il pensait injuste (on retrouve ici à nouveau le souci d'équité, valeur cardinale mise en avant par Haidt que je citais en introduction).

Elle s'est structurée autour d'une circulation de l'information de plus en plus rapide, et de systèmes de délégation qui permettent d'organiser le débat direct au sein d'assemblées de quelques centaines d'individus. À l'heure d'Internet et des réseaux sociaux, on voit bien que ce système ne répond plus aux besoins ni aux possibilités qu'offre la technique. Il demeure logique et raisonnable de donner aux élus le temps de mettre en œuvre leur programme sur plusieurs années. Cela correspond à la fois au temps de l'action publique, et à la nécessité de donner un minimum de visibilité à tous les acteurs de notre vie collective. Mais mille et un sujets peuvent et doivent être soumis à discussion et à des formes de vote à un rythme bien plus soutenu. De plus, si la puissance publique ne s'en empare pas, d'autres continueront à le faire, mus par des sentiments de ras-le-bol ou de colère, sur un registre essentiellement conflictuel. Une première étape, simple, consisterait à généraliser le vote à distance – il est tout de même étonnant que l'on impose au contribuable de payer ses impôts en ligne et qu'on ne permette pas au citoyen de voter de la même façon, même s'il faut bien sûr être conscient des risques de manipulation électorale que le numérique pourrait créer si on n'y prenait garde.

La démocratie du XXIe siècle, si elle veut survivre et se développer, doit devenir participative à tous les niveaux, du plus local au plus global. Nous disposons aujourd'hui de suffisamment de recherches et de retours d'expérience sur ce genre de dispositifs pour savoir ce qu'il importe de faire pour qu'ils fonctionnent. Le principal enseignement des nombreuses expérimentations déjà conduites souligne notamment que la parole recueillie dans ces cadres doit impérativement être prise en compte pour que les gens y croient et participent toujours plus nombreux (créer des ersatz de conseils locaux ou organiser des consultations qui ne servent à rien est totalement contre-productif). L'exemple finlandais du gouvernement humble fournit d'autres enseignements essentiels, notamment en termes de posture des dirigeants.

Je forme aussi l'hypothèse que le déploiement ambitieux d'une démocratie plus immédiate, plus proche, plus numérique, permettrait de combattre un fléau qui menace les fondements du pacte démocratique : le désintérêt toujours plus manifeste des jeunes pour les élections – 87 % des 18-24 ans se sont abstenus lors des élections régionales du printemps 2021 !

Et si nous donnions aux jeunes le droit de demander de nouveaux droits ?

– 4 –

ET SI NOUS DONNIONS AUX JEUNES LE DROIT DE DEMANDER DE NOUVEAUX DROITS

Si les femmes sont les dernières à être devenues des citoyennes, les derniers non-citoyens sont les plus jeunes. Dépourvus des droits des citoyens, ils sont considérés au mieux comme des mineurs, des citoyens en devenir.

La jeunesse a des idées pour le monde de demain, des revendications pour aujourd'hui et ne demande qu'à être entendue. Un projet comme La Belle Harangue[1], fruit d'un partenariat entre la Fondation pour l'écriture, France Télévisions et de nombreux autres acteurs, les a invités pour l'équinoxe à prendre la parole dans de nombreux lieux publics en commençant leurs harangues par « Et si ». Comme vous commencez à me connaître, vous imaginez que j'ai été plus que ravi d'être invité par Charles Autheman, l'instigateur de ce projet, à parrainer cette action et à relayer en ligne leurs harangues toutes plus inspirantes les unes que les autres.

L'abstention massive des jeunes est, en partie, un trompe-l'œil. C'est ce qu'explique le politologue Tom Chevalier, évoquant l'ouvrage qu'il a codirigé avec la sociologue Patricia Loncle[2] : « Les jeunes ne vont pas voter à une élection parce qu'il faut voter, ils vont voter lorsqu'ils considèrent que le sujet est important, et sont plus sensibles aux enjeux culturels et sociétaux (culture, écologie, égalité, multiculturalisme, féminisme, etc.) qu'aux enjeux économiques et sociaux. Le reste du temps, ils investissent d'autres formes de participation politique et citoyenne. Ce n'est donc certainement pas le signe d'une dévitalisation démocratique. Reste à savoir comment on peut imaginer pour l'avenir une forme de démocratie faisant de la place à ces jeunes et à leurs nouveaux espaces d'expression politique, pour qu'ils aient un effet sur l'action publique[3]. » Comment faire ?

Pour commencer, il faudrait reconnaître avec Rodrigue que « la valeur n'attend point le nombre des années », et pas seulement « aux âmes bien nées ». Trois siècles après que Corneille l'a pressenti, des chercheurs comme Alison Gopnik, psychologue et philosophe enseignant à Berkeley (Californie), ont montré que dès la prime enfance nous faisons preuve de capacités étonnantes d'innovation, d'expérimentation, d'adaptation, avec des pics de créativité dès l'âge de 5 ans[4]. Ce n'est pas pour rien que nos enfants nous surprennent régulièrement ! Pour Alison Gopnik, « même si leurs cerveaux sont d'une complexité et d'une puissance égales [à ceux des adultes], ils ont un esprit, un cerveau et des formes de conscience dissemblables, destinés à remplir des fonctions différentes. Le développement humain est davantage comparable à une chenille se transformant en papillon qu'à une simple croissance – même s'il est plus juste de dire l'inverse : les enfants sont comme des papillons vifs et vagabonds qui se métamorphosent en chenilles, en chemin vers l'âge adulte. Car souvent l'apprentissage est une forme de régression des capacités de l'enfance[5] ».

Les enfants sont le département « recherche et développement » de l'espèce, nous dit Alison Gopnik qui a montré que des enfants savaient résoudre des problèmes sur lesquels ses étudiants de Berkeley échouaient.

Nombre des pédagogues ou médecins dont j'ai précédemment parlé dans ces pages ou dans un précédent ouvrage l'ont bien compris, de Freinet à Montessori, de Korczak à Eglantyne Jebb. Respecter l'enfant comme un être autonome, porter sur lui un regard bienveillant, favoriser les pédagogies horizontales et le coapprentissage au détriment des pédagogies verticales du gavage est un pari gagnant, dans tous les milieux (je rappelle que la plupart des pédagogies alternatives, aujourd'hui plébiscitées par les familles les plus aisées, ont été imaginées pour des enfants en grande difficulté, ceux-là mêmes que notre système ne parvient pas à faire réussir).

Korczak est celui qui a été le plus loin dans la traduction de ses principes en un système politique. Sa République des enfants était dotée d'un Parlement, d'un tribunal, de journaux… Les enfants se sont dotés de droits particuliers, comme celui de ne pas se lever le matin du 21 décembre pour profiter de la nuit la plus longue de l'année, ou celui de ne pas se coucher la nuit du 21 juin – la plus courte. Le tribunal a même plusieurs fois condamné Korczak lui-même, comme ce jour où, voyant des pensionnaires qui faisaient le mur pour aller faire la fête, il a choisi de les accompagner afin de garder un œil sur eux. Découvrant la chose, les autres enfants ont estimé qu'il avait autant enfreint la règle que les enfants qui avaient fait le mur et l'ont sanctionné lui aussi.

Cette rigueur dans l'application de la loi n'est pas propre à la République des enfants du médecin polonais. Dans les internats de la fin du XIXe siècle, les élèves les plus âgés géraient en partie la discipline, et l'historien Claude Lelièvre a exhumé des jugements d'une rudesse déconcertante à l'endroit de leurs pairs. Il ne faut pas seulement se méfier d'un excès de laxisme des enfants à l'égard de leurs camarades, mais aussi d'un excès de sévérité.

Donner des droits aux enfants, ce n'est pas leur donner tous les droits.

C'est les inviter, le plus tôt possible, à entrer dans le collectif, à prendre soin des autres, à comprendre que, ce faisant, ils prennent soin d'eux-mêmes. C'est aussi et surtout cesser de leur faire croire que citoyenneté et démocratie s'apparentent aux ersatz frelatés qui leur sont consentis dans les établissements scolaires.

Le philosophe Bernard Defrance a depuis longtemps montré que les établissements scolaires ignoraient, dans leur fonctionnement, les exigences du droit[6], notamment les articles 12 à 15 de la Convention relative aux droits de l'enfant, et empêchaient « l'apprentissage progressif des responsabilités citoyennes, l'intériorisation des exigences du vivre-ensemble et la compréhension de la loi comme outil d'articulation des libertés[7] ». Pour mémoire, la Convention énonce que l'enfant a le droit, « dans toute question ou procédure le concernant, d'exprimer librement son opinion et de voir cette opinion prise en considération » (article 12), « d'exprimer ses vues, d'obtenir des informations et de faire connaître des idées et des informations, sans considération de frontières » (article 13), « à la liberté de pensée, de conscience et de religion, dans le respect du rôle de guide joué par les parents » (article 14), « de se réunir et d'adhérer à des associations ou d'en former » (article 15)[8]. Comme le note ironiquement Bernard Defrance, « force est de constater, à regarder lucidement ce qui se passe dans le quotidien de l'école, qu'un élève de maternelle a plus de pouvoir d'initiatives et d'autonomie dans les activités qui rythment sa journée qu'un élève majeur de terminale qui doit encore demander l'autorisation d'aller faire pipi[9] ». Il qualifie de « leurre » les droits formulés dans les règlements intérieurs. Ces derniers, dit-il, « commencent par énumérer les "devoirs", lesquels portent sur les fonctionnements institutionnels, les horaires, les apprentissages, les tenues, etc., alors que les droits sont cantonnés à la sphère associative (animations diverses de la "vie scolaire" – expression révélatrice qui désigne ce qui se passe en dehors des cours… –, journaux lycéens, clubs variés, etc.) ; ainsi l'exercice de ces droits apparaît comme facultatif, en périphérie "animatrice" de la fonction centrale d'instruction ».

Bernard Defrance déplore en outre que trois principes fondamentaux du droit ne puissent s'appliquer à l'école.

Nul n'est censé ignorer la loi ? Certes, dit-il, « c'est à l'école, première société de rupture d'avec la famille, que l'enfant apprend qu'avant d'agir on est prié de se renseigner sur les règles de cette action, qu'il s'agisse de jouer aux billes ou de changer l'eau de l'aquarium (ou régler un quelconque conflit) ». Mais, poursuit-il, l'école inflige ici une violence qui « consiste à supposer que, d'une certaine manière, l'enfant devrait déjà connaître ce qu'il vient y apprendre ! »

Nul ne peut se faire justice à soi-même ? « On sait exiger des enfants qu'ils renoncent à la violence (et pas seulement y surseoir…) lorsque des conflits éclatent entre eux ; mais les adultes, plus exactement les enseignants, eux, jouissent encore du pouvoir de se faire justice à eux-mêmes, me punissant lorsque je leur ai désobéi, que je les ai insultés ou semé le désordre. Dès lors, même si la punition reste dans les limites légales, allant jusqu'à prétendre à une dimension éducative, comme c'est le même qui a été atteint par le désordre et qui punit, cette punition ne peut apparaître que comme la vengeance de celui dont le pouvoir a, un moment, été défié. »

Nul ne peut être juge et partie ? « Sauf à l'école où l'enseignant doit – de manière institutionnellement obligatoire – juger des résultats de son propre enseignement. »

Conclusion du philosophe : « Tous les cours de morale, fût-elle "laïque" ou "républicaine", sont évidemment impuissants à contrecarrer l'expérience vécue de ce qu'à l'école, dans les faits, et dans les règles institutionnelles mêmes, la loi n'est pas la même pour tous, les adultes peuvent être juges et parties dans l'instruction des savoirs et se faire justice à eux-mêmes dans les exigences du maintien de l'ordre. Leçons de morale ? dont l'acquisition sera évaluée – c'est-à-dire notée ? Elles n'auront de sens que lorsque les adultes se les appliqueront à eux-mêmes… »

Il ne s'agit donc pas de donner tous les droits aux enfants, mais de faire en sorte que les droits qui leur sont donnés le soient effectivement. Je me réjouis ainsi que la Ville de Paris, à l'initiative de Dominique Versini, ait invité près de deux cents enfants âgés de 9 à 15 ans à rédiger une Charte parisienne des droits de l'enfant[10], qui a été signée en novembre 2020 par la maire de Paris, Anne Hidalgo.

Fondé sur la Convention internationale des droits de l'enfant, le texte formule six demandes des enfants : participer aux décisions qui les concernent, être mieux protégés, lutter contre toutes les formes de discrimination, garantir les mêmes droits aux enfants en situation de handicap, être acteurs de la solidarité pour construire un monde plus solidaire, préserver la planète. Elles renvoient à des actions très concrètes, dont la mise en œuvre sera aisément vérifiable, telles l'organisation régulière de sondages d'enfants, la sécurisation des abords des établissements scolaires, l'apprentissage de la langue des signes à l'école primaire, « que tous les enfants aient un toit et un logement sain », la lutte contre le gaspillage alimentaire… Reste à l'appliquer, comme la ville de Paris a commencé à le faire sous l'impulsion de Dominique Versini, sans quoi l'expérience risque de se révéler contre-productive pour tous les enfants et adolescents qui y auront cru.

La question de l'échelle est déterminante. Des expériences à la fois plus locales et plus globales y parviennent, comme Design for Change. Créé par la designer indienne Kiran Bir Sethi, ce programme propose une méthodologie très simple à mettre en œuvre qui permet aux enfants, dès le plus jeune âge, de s'emparer de problèmes relatifs à leur vie quotidienne et de les résoudre. Ce projet a été importé en France par Florence Rizzo sous l'appellation Bâtisseurs de possibles. En 2020-2021, des élèves de l'école Bernard-Clavel de Saint-Lupicin (Jura) et de l'école Alphonse-Daudet de Plaisance-du-Touch (Haute-Garonne) se sont ainsi demandé comment prévenir la pollution causée par les masques chirurgicaux. Ils ont créé des affiches recourant au *nudge* (une méthode qui tente d'influencer les comportements) et installé des empreintes de pas et un « basket-poubelle » « afin d'inciter les personnes à adopter des comportements écocitoyens[11] ». Leurs homologues de CM1 de l'école Fondary se sont, eux, emparés de la question des mégots en ville et ont créé une vidéo incitant à adopter le cendrier de poche pour protéger la planète au quotidien[12]. D'autres élèves ont cherché à améliorer leurs conditions de travail, en diffusant des conseils d'aide aux devoirs ou en créant un lieu de silence et de sérénité grâce à du matériel de récupération (école Notre-Dame de Saint-Flour). Le mantra de Kiran Bir Sethi est « *I can, now you can too !* » (« Je peux – maintenant vous aussi ! ») En quelques années, la méthodologie s'est disséminée dans soixante-cinq pays et a permis, à l'heure où j'écris ces lignes, la concrétisation de 18 196 projets qui proposent des solutions locales et opérationnelles à des questions qui nous concernent toutes et tous.

Ce caractère opérationnel est central. La France pullule de dispositifs publics destinés à initier les enfants à la citoyenneté et, en principe, à les écouter – conseils d'enfants, éco-délégués, délégués de classe, conseils de la vie lycéenne, etc. Mais trop souvent, leurs délibérations restent lettre morte. Les jeunes, au moins sur ce sujet, ne sont pas difficiles à comprendre. Ils expriment exactement les mêmes attentes que les adultes : ne pas perdre de temps dans des simulacres de démocratie.

Ce sujet engage notre avenir ; il est intimement lié à l'enjeu de la participation aux élections. Selon le politologue Michael Bruter, professeur à la London School of Economics, pilote d'une étude pour l'Association nationale des conseils d'enfants et de jeunes (l'Anacej, qui regroupe des communes dotées d'un conseil municipal des jeunes), « un jeune qui s'abstient aux deux premiers scrutins auxquels il pourrait voter a 80 à 90 % de chances de devenir un abstentionniste chronique. Si son accueil dans la vie démocratique est raté, c'est pratiquement perdu pour toujours[13] ».

Je crois sincèrement que les questions évoquées dans ce chapitre et plus généralement dans ce livre ne trouveront pas de réponses globales et systémiques, tant que les enfants et les jeunes ne pourront pas être partie prenante de la recherche de solutions. Sans cela rien ne changera réellement. Pour ce faire, faut-il, comme le suggère le spécialiste des droits de l'enfant colombien Nicolás Brando, leur donner le droit de vote dès 16 ans voire avant[14] ? Notez que, puisqu'il n'existe pas de critères biologiques permettant de définir l'âge du vote, on peut se demander quel serait l'âge minimum. Pourquoi, pour prendre en compte l'intérêt des nouvelles générations sur des sujets comme les impacts du changement climatique qui les concernent plus que ceux à l'espérance de vie plus réduite, ne pas aller jusqu'au bout de la démarche et donner à leurs parents un droit de vote dès leur naissance, quitte à offrir à l'enfant dès qu'il le souhaite de voter sur les sujets dont il comprend l'importance.

Brando relève que les arguments avancés pour s'opposer à un droit de vote des jeunes ont déjà servi. Ils sont au nombre de quatre : l'incapacité à formuler un choix éclairé faute de facultés cognitives ; l'absence d'expériences sociales ou économiques suffisantes pour étayer un choix ; une trop grande malléabilité des jeunes esprits face aux manipulations ; le risque de déséquilibrer le jeu démocratique. Ces quatre arguments, avance-t-il, pourraient être opposés à de larges pans de la population adulte en âge et en droit de voter.

Ils ont prévalu pendant des décennies pour refuser le droit de vote aux femmes et aux pauvres. Le penseur leur oppose trois arguments : le vote comme droit et non comme permis conditionnel (« Peu importe que l'on soit professeur en théorie de la démocratie, cultivateur de patates ou élève d'école primaire ; nous sommes tous partie prenante des décisions de nos gouvernements, et avons tous le droit de parole et de vote sur ce que font nos gouvernements ») ; l'ouverture des perspectives et des sujets qui résulte d'une expansion du droit de vote (« Cantonner ce droit aux adultes donne un pouvoir asymétrique aux vieilles générations », notamment sur des sujets qui vont concerner en priorité les plus jeunes comme les effets du réchauffement climatique) ; l'engagement politique constitue, en lui-même, un apprentissage (devoir voter amène à s'intéresser aux sujets sur lesquels on vote[15]). Et inversement, comme le montrent de jeunes Bastiais, qui ont développé avec Philippe Frasseto, leur enseignant impliqué dans des projets Savanturiers, un cours en ligne : « Soyez polis avec l'atmosphère ». Ce cours montre que ces jeunes peuvent comprendre ces sujets complexes. Fait par des enfants pour des enfants et des adultes désireux de comprendre les enjeux climatiques, il est très inspirant. Tout comme les échanges que j'ai pu avoir avec certains de ces élèves. Alors même qu'ils n'ont pas eu de cours sur la citoyenneté ou le droit de vote, ils m'ont déclaré qu'ils auraient aimé pouvoir voter dès leurs 7 ans (ils en ont 9 et ont commencé ce projet en CE2 à 8 ans).

Permettez-moi de vous offrir une autre magistrale illustration de ce que les jeunes peuvent faire quand on leur donne le droit de se questionner sur ces sujets qui les touchent, avec l'histoire du lobby de Poissy. Elle naît en 2017 dans la classe de CM2 d'Anaïs Willocq, dans une école du quartier de Beauregard, à Poissy (Yvelines), classée en réseau d'éducation prioritaire. Les élèves se mettent en tête de rédiger une Déclaration européenne des droits de la planète et du vivant. Ils vont réussir à fédérer trois cent dix jeunes de dix pays d'Europe, plaider leur cause mais aussi recueillir les analyses de Nicolas Hulot, Jean-Louis Étienne, Yann Arthus-Bertrand, Hubert Reeves, François Hollande… Et se baptiser « lobby » après qu'on leur a expliqué que celles et ceux qui veulent changer les lois de l'Union européenne s'appuient sur des lobbies. La journaliste Elsa Grangier a filmé leur aventure – son documentaire a été diffusé sur France 2 – et en a tiré un livre dont le titre vaut manifeste : *Rêver grand*[16]. Le texte de leur Déclaration a été débattu au Parlement européen à Strasbourg le 27 novembre 2019. Il proclame notamment que « notre planète a le droit d'être respectée et protégée par les êtres humains » (article 1), que « tous les êtres vivants ont le droit de vivre dans un habitat sain et paisible » (article 3), que « la diversité des espèces vivantes doit être protégée afin de préserver l'équilibre des écosystèmes naturels et de la chaîne alimentaire » (article 4), que « notre planète a le droit de ne pas être surexploitée par les êtres humains pour satisfaire leurs besoins toujours croissants et pour alimenter une population humaine en croissance exponentielle » (article 5), que « tous les êtres vivants ont le droit de respirer un air pur. La pollution de l'air doit être traitée et éradiquée » (article 12), que « les peuples premiers, vivant en harmonie avec la Terre et représentant ainsi un exemple pour la préservation de l'environnement, doivent être respectés, écoutés et protégés » (article 15), que « notre planète a le droit d'être représentée pour agir en justice contre toute personne responsable de pollution excessive » (article 18).

Les enfants et les jeunes sont capables de prendre soin d'eux-mêmes, des autres et de la planète. Du lobby de Poissy aux marches pour le climat en passant par le travail de conviction planétaire d'une Greta Thunberg, ils le disent, le crient, le prouvent. À la nécessaire protection que nous leur devons, il faut ajouter la création de formes d'instances délibératives qui leur permettent, régulièrement, de donner leur avis sur les questions qui les concernent. Il faut leur donner le droit de demander de nouveaux droits. Créer cette « République des enfants » dont rêvait Januz Korczak, qui l'a prototypée dans son orphelinat il y a plus d'un siècle. Les outils de *civic tech* ont aujourd'hui la capacité d'en faire progressivement une république mondiale si on sait les concevoir de manière partagée avec cette génération engagée.

Cela vous paraît peut-être peu probable mais je ne crois pas que cela le soit moins que l'avènement de la démocratie à Athènes ou en France et aux États-Unis au XVIIIe siècle. D'autant que des prototypes locaux sont en cours de développement, y compris en France à l'heure où j'écris ces lignes. Elsa Grangier, qui avait suivi le lobby de Poissy, est aujourd'hui directrice générale d'Ashoka France. Elle a lancé « Ta voix compte », un projet visant à donner la parole aux jeunes dans le cadre des élections à venir. Ashoka a sélectionné des jeunes engagés au parcours très impressionnant pour leur âge et qui sont formés par les entrepreneurs sociaux d'Ashoka à la prise de parole (avec Eloquentia) et à l'impact de l'intelligence et de l'action collectives, par votre serviteur qui a eu le privilège de les recevoir au CRI un samedi. Co-conçu par ces jeunes et par les codeurs bénévoles mobilisés par Share it, ce type de site web pourrait fédérer des jeunes toujours plus nombreux, soucieux de faire entendre leur voix à toutes les échelles qui comptent sur les sujets qui les préoccupent. Avec un peu de chance, ce type d'initiatives contribuera à faire évoluer la réflexion sur la place des jeunes dans nos démocraties en France et, espérons-le, en Europe, voire dans le monde.

Fédérer autour de projets à impact. Co-construire des dispositifs démocratiques. Ne pas déléguer tous les droits mais prendre au sérieux les droits que l'on délègue. Et apprendre du passé pour mieux analyser le présent et se projeter dans le futur. La jeunesse est par excellence l'âge où on consacre du temps à découvrir l'héritage des générations qui nous ont précédés, et les grandes figures dans lesquelles se reconnaître. Je crois profondément que l'admiration est un ressort puissant et inspirant pour l'action. Mais faut-il s'en tenir aux figures traditionnellement célébrées ?

Et si nous construisions nos propres panthéons et inventions de nouveaux rituels ?

– 5 –

ET SI NOUS CONSTRUISIONS NOS PROPRES PANTHÉONS ET INVENTIONS DE NOUVEAUX RITUELS

Martin Maindiaux vit depuis 1997 au Cambodge, où il dirige l'ONG Enfants du Mékong, qui a sauvé de la misère des centaines d'enfants menacés par la maladie ou les mines. Dominique Pace a créé en 1992 Biblionef, après avoir rencontré des enfants qui habitaient des cités insalubres ou qui étaient isolés en camp dans la jungle. Cette ONG distribue gratuitement des centaines de milliers de livres neufs dans plus de quatre-vingt-dix pays du monde. Sœur Ventura consacre sa vie, depuis plus de trente ans, aux populations pygmées, de plus en plus démunies face à une urbanisation grandissante. Devi Shetty est un cardiologue indien qui a conçu un système de « chirurgie à la chaîne » pour les enfants atteints de pathologies cardiaques, qui a permis de diviser par cinquante le coût d'une intervention par rapport au prix d'un hôpital occidental. Vous pouvez en savoir plus sur ces personnalités formidables grâce à l'ONG « Le Projet Imagine », fondée en 2010 par la journaliste Frédérique Bedos pour « créer un mouvement d'engagement citoyen en faveur d'une société plus inclusive et durable ». Elle « sensibilise le public par des films inspirants et le mobilise par des programmes d'accompagnement vers l'action qui s'inscrivent dans les Objectifs de développement durable ». Parmi ces films, une série de portraits consacrés à ces « héros humbles[1] ».

Bien d'autres initiatives mettent en lumière la vie présente ou passée de personnes qui ont accompli des actes de générosité extraordinaires sans prétendre en tirer une quelconque gloire. L'un des exemples les plus forts et les plus connus est celui des « Justes parmi les nations », distinction créée en 1953 par Israël pour honorer celles et ceux « qui ont mis leur vie en danger pour sauver des Juifs » pendant la Seconde Guerre mondiale. Près de trente mille personnes ont ainsi été distinguées. Elles ont sauvé des centaines de milliers de vies.

Peut-être connaissez-vous aussi Nicholas Winton, surnommé le « Schindler britannique ». Jusqu'à sa mort à l'âge de 106 ans, il ne s'est jamais considéré comme un « héros ». Et il a fallu un demi-siècle après la fin de la guerre pour que sa femme découvre, dans le grenier de la maison familiale, un cahier recelant une liste de noms d'enfants et leurs photographies. Jusqu'alors, même ses plus proches ignoraient qu'il avait organisé le sauvetage de 669 enfants, juifs pour la plupart, à la veille de l'invasion de la Tchécoslovaquie par les nazis. « Il y a toutes sortes de choses dont vous ne parlez pas, même à votre famille, devait-il expliquer. En fait, tout ce qui s'était passé avant la guerre ne semblait plus important au regard de la guerre elle-même[2]. » Vous retrouverez facilement sur Internet la vidéo de l'émission que la BBC lui a consacrée en

1988. La chaîne britannique a réuni autour de lui des dizaines de personnes qu'il avait sauvées, sans qu'il le sache. *Le Monde* a raconté la suite : « "Y a-t-il des gens dans le public qui doivent la vie à Nicholas Winton ? Si c'est le cas, levez-vous !" demanda l'animatrice. Et toute l'assistance se dressa, les larmes aux yeux[3]. »

Honorer des personnes qui accomplissent ou ont accompli des actes « à hauteur d'homme » est une façon formidable de faire communauté, de dire notre humanité. Nous avons besoin de nouveaux panthéons pour cela, en plus des panthéons institutionnels qui distinguent les scientifiques, artistes ou hommes et (plus rarement) femmes d'État et qui nous aident déjà à comprendre d'où nous venons, ce qui nous a inspirés dans le passé. Nous avons besoin, aussi, de panthéons « vivants », non figés dans le passé, des panthéons qui prennent acte du fait qu'une vérité scientifique n'est tenue pour telle que jusqu'au jour où quelqu'un parvient à la contredire ou à montrer qu'elle est erronée. Nous avons besoin de panthéons démocratiques.

Avec les équipes d'Éric Chérel, Gaëll Mainguy et Olivier Bréchard, nous sommes en train d'en créer un au CRI : l'Open Pantheon. Il s'agira d'un site visant à « célébrer des figures inspirantes du passé, des personnalités exemplaires ayant joué un rôle clé dans leur communauté et/ou leur pays et/ou à l'échelle mondiale en matière d'apprentissage (art, science, pédagogie, santé, etc.) ». Ce site simple permettra au grand public de sélectionner des pages Wikipédia de personnes en y ajoutant les raisons de leur choix dans un formulaire de quelques champs.

Démocratiser les panthéons, donc, et prendre acte du fait qu'aucune vie n'est « parfaite », que toute « œuvre » humaine peut être interrogée, contredite. L'Église, pour qui seul le divin touche à la perfection et qui s'y entend en sanctification, ne s'y est pas trompée. L'expression « avocat du diable » renvoie à un poste créé en 1587 par le pape Sixte V dont le titulaire a pour fonction, lors des procès en béatification ou en canonisation, de plaider contre le candidat. Appelé « promoteur de la foi » à l'origine, il est aujourd'hui désigné par l'expression « promoteur de justice » (à la suite d'une décision de Jean-Paul II, en 1983). Cette approche fonctionne dans un contexte laïque – la dispute philosophique ou la controverse scientifique s'y rattachent, ou encore le rôle du « discutant » lors d'un colloque.

Ces panthéons d'un nouveau genre pourraient aussi mettre en lumière les diverses facettes des personnalités distinguées – comment elles sont perçues dans différents pays, ou par différentes personnes. Pour les vivants, on pourrait aussi adjoindre leurs panthéons personnels (quelles personnes les ont inspirées).

Notre espèce a besoin, depuis l'Antiquité, de sanctifier, de célébrer, d'honorer, de (se) trouver des dieux, des demi-dieux, des femmes et des hommes d'exception. Cela nous aide à nous penser, mais aussi à entrer en résonance les uns avec les autres. Le principal péril est de tomber dans le culte de la personnalité, de sacraliser à outrance. Permettre à chacun de s'exprimer et pouvoir faire preuve d'esprit critique et d'humour est sans doute salutaire pour limiter ces travers.

Ce qui vaut pour les panthéons vaut pour les rituels dont nous nous sommes dotés depuis des millénaires.

Ce ne sont pas les rituels en tant que tels qui m'intéressent. Je me suis toujours méfié de tout ce qui renvoie à des formes d'embrigadement, de soumission aveugle à un ordre, à une autorité omnipotente. Placés dans de mauvaises mains, les rituels, si puissants pour souder un collectif, peuvent aisément dériver vers l'uniformisation, l'oppression, l'humiliation (le bizutage), l'exclusion, voire le sacrifice de boucs émissaires… Ce qui m'intéresse, c'est leur capacité à nous ancrer dans ces récits communs dont j'ai déjà dit combien ils nous sont indispensables. Les rituels familiaux, locaux ou nationaux sont innombrables, mais nous n'avons pas de rituels globaux, qui nous réunissent dans notre commune humanité, qui nous engagent à mesurer que nous appartenons à quelque chose qui nous dépasse.

Les jeux Olympiques et Paralympiques s'en approchent le plus, jusque dans la notion de trêve olympique, héritée de l'Antiquité. Elle ne concernait alors que la ville qui accueillait les Jeux et protégeait ceux qui devaient s'y rendre, à commencer par les athlètes. Sa signification s'est étendue, comme l'a rappelé António Guterres, le secrétaire général de l'ONU, avant la dernière édition des Jeux à Tokyo en 2021, appelant « à faire taire les armes pendant la durée des Jeux, comme le veut la tradition. Ce répit offre aux peuples et aux nations l'occasion de conclure des cessez-le-feu durables et de trouver des solutions pour pérenniser la paix[4] ».

Les Jeux sont le rituel global le plus visible et le plus durable. Nous pourrions, nous devrions, en créer d'autres. Nous en avons le pouvoir, grâce aux réseaux sociaux, qui nous confèrent une puissance que nous n'avons jamais eue et permettent une synchronisation, une amplification et une globalisation inédites – voir le succès des « Friday for Future », cette grève étudiante hebdomadaire pour le climat commencée par l'adolescente suédoise Greta Thunberg, ou la diffusion internationale, au début de la pandémie, du rituel consistant à applaudir les soignants tous les soirs.

Comme il existe des olympiades de sport ou de mathématiques, on pourrait organiser des olympiades de la durabilité ou de l'engagement. Chaque jeune pourrait rejoindre sur son territoire une équipe engagée sur les défis locaux en lien avec les défis globaux tels que ceux définis par l'ONU. Comme en sport, chaque territoire pourrait accompagner sa jeunesse, la former et l'encadrer pour qu'elle se mobilise et apprenne à résoudre ces défis. Chaque territoire pourrait sélectionner les meilleurs projets et les mettre en avant. Une *coopétition* (mêlant coopération et compétition) internationale pourrait réunir les jeunes les plus impliqués et récompenser leurs projets qui, étant reconnus pour leur documentation, leur capacité à gravir des épaules de géants en utilisant des résultats produits par d'autres acteurs de la science et de l'engagement et leur caractère open source, pourraient permettre à chacun d'apprendre de ces succès locaux. Dans ces olympiades des défis, les territoires mobilisant le plus leur jeunesse, la formant le mieux aux enjeux du développement durable, pourraient se voir décerner des prix, à l'instar de ceux proposés par la fondation Bloomberg pour les villes les plus innovantes.

De tels évènements pourraient venir compléter les dizaines de « journées mondiales » sur des thématiques qui nous concernent tous créées par les Nations unies. La plus connue est sans doute le 8 mars, Journée internationale des femmes, rebaptisée en France « Journée internationale des droits des femmes ». Mais il en existe bien d'autres – près de deux cents ! – censées nous réunir autour de l'importance des zones humides, de la fraternité humaine, des légumineuses, de la justice sociale, de l'eau… Il y a même, le 20 mars, une Journée internationale du bonheur.

Mais il manque encore des formes de célébration communes lors de ces journées, la mise en avant de projets emblématiques des actions locales et globales les plus mobilisatrices.

Avec les équipes d'Audrey Azoulay et Stefania Giannini à l'Unesco et de Gaëll Mainguy et Olivier Bréchard au CRI, nous avons entrepris un tel projet autour de l'idée du Festival de la planète apprenante, pour qu'apprendre soit une fête. Le but est de contribuer à la diffusion d'une de ces journées, consacrée à l'éducation. Pour ce faire, nous avons choisi de relier ce que la sociologie des organisations appelle l'*upperground* – désignant ici l'Unesco, l'organisme des Nations unies pour l'éducation, la science et la culture – et le *on the ground* – les acteurs de terrain aux projets locaux éparpillés. Ce qui fait de nous un acteur du *middleground* – échelon essentiel et terrain intermédiaire, défini par les spécialistes de « créativité organisationnelle » qui étudient les communautés d'innovation[5]. Dans tous les lieux de ce type, on retrouve un cadre de liberté évolutif et fécond, des espaces physiques et numériques, des projets et des évènements organisés par des communautés agiles. Ces *middlegrounds* s'organisent non pas comme des usines ou des armées mais plus comme des jardins publics où, à partir de règles communes, tous ceux qui sont motivés peuvent se retrouver pour des activités collectives qu'ils ne peuvent pas faire seuls chez eux.

Un *middleground* comme le nôtre est le lieu par excellence où se catalyse le lien entre local et global, une zone où le fractal peut devenir viral, l'espace où s'inventent les projets concrets qui incarnent et rendent sensibles les idées, un lieu où la partie éclairée des institutions (*upperground*) peut rencontrer les acteurs de terrain (*on the ground*), les passionnés et les activistes (*underground*) et le grand public. Le projet « Learning Planet » (« Planète apprenante »), que nous avons lancé avec l'Unesco en 2020, consiste en une « initiative de long terme avec pour mission de rassembler ces parties prenantes autour du monde, et ainsi d'identifier, célébrer, déployer et amplifier des solutions éducatives et pédagogiques innovantes tournées vers des futurs souhaitables, assurant le respect, le bien-être et l'épanouissement de soi, des autres, et de la planète[6] ». Nous avons pu recueillir de très nombreuses initiatives et susciter nombre d'échanges entre porteurs de projets extrêmement variés de par le monde. Par le biais des cercles dédiés à des réflexions thématiques, nous cherchons à faciliter la parole des jeunes, celle des pionniers, à partager les idées et à créer des dynamiques collectives, des « Et si nous » fédérateurs.

Nous avons besoin de nous projeter dans des utopies collectives, connecter celles et ceux qui ont des projets, des émotions, des rêves communs. Mais comment les aider à se retrouver ?

Et si nous avions un GPS des rêves ?

– 6 –

ET SI NOUS AVIONS UN GPS DES RÊVES

« *I have a dream* » – « Je fais un rêve ». Ce qui reste peut-être comme le discours le plus célèbre de l'histoire contemporaine occidentale, prononcé en 1963 par Martin Luther King, s'ouvre sur ces mots. Il a porté et continue de porter le combat de générations de militants des droits civiques. Il a été formulé dans un pays, les États-Unis, qui se définit comme un espace qui permet de rêver et qui a invité des centaines de millions d'individus à le faire – « the American dream » ; le « rêve américain ». Ce rêve se nourrit de mythes et de récits sans cesse réactivés, renouvelés, réactualisés, longtemps produits par Hollywood, qui n'a pas été surnommé « l'usine à rêves » pour rien.

Les États-Unis, pays de conquête et d'immigration, ont poussé à son paroxysme l'idée que les rêves pouvaient devenir réalité pourvu qu'on s'en donne les moyens (par le travail), et quand bien même ils forment l'une des sociétés développées les plus inégalitaires, rongés qu'ils sont par des divisions plus intenses que jamais, nombre de leurs citoyens, y compris parmi les plus démunis, continuent à professer qu'ils sont la terre de tous les possibles. Mon propos n'est pas de les ériger en exemple mais de dire que l'alliance de récits partagés et de la capacité à rêver forme un extraordinaire moteur de changement.

Je parle ici des rêves éveillés, pas de ceux que les méandres de notre cerveau et de notre inconscient produisent lorsque nous dormons. Les rêves comme aspirations, les rêves comme espérances, les rêves dont sont faites visions et utopies. Les rêves dont parle John Lennon dans *Imagine*, que j'ai mis en exergue de ce livre :

> *You may say I'm a dreamer*
> *But I'm not the only one*
> (« Vous dites que je suis un rêveur
> Mais je ne suis pas le seul »)

Alors imaginons, imaginez. Que vous puissiez identifier toutes celles et tous ceux qui, dans le monde, partagent les mêmes rêves que vous. Et, ce faisant, que vous puissiez coopérer pour les faire advenir. Imaginez qu'il existe une maïeutique susceptible de catalyser l'intelligence collective, avec l'aide de l'intelligence artificielle, et de permettre de passer du rêve à la réalité. C'est ce qui pourrait devenir un GPS des rêves.

L'espace des rêves, c'est l'espace des futurs possibles. Il se conçoit dans un contexte dynamique, éthique et démocratique. Si mon rêve doit virer au cauchemar pour les autres ou pour la planète, cela peut rapidement poser problème… Je devrais en prendre conscience et faire évoluer mon rêve pour le rendre compatible avec ceux des autres, sinon à terme ils viendraient détruire mon rêve, situation qui deviendrait alors un cauchemar.

De la même façon que le GPS de votre téléphone vous indique comment relier deux points géographiques, le GPS des rêves vous indiquerait comment réaliser vos rêves et avec qui. Cela pourrait devenir le Tinder des rêveurs, le site de rencontres de ceux qui veulent faire de leur vie un rêve et de leurs rêves une réalité.

La première étape consisterait à inviter chacun à rêver et agréger le plus grand nombre de données – de rêves. Puis il faudra les positionner dans l'espace des connaissances. Au CRI, nous avons déjà commencé à travailler sur un GPS de la connaissance, que nous avons baptisé WeLearn.

Il s'agit d'un algorithme d'apprentissage profond qui, dans sa version prototype, a lu et mémorisé toute l'encyclopédie en ligne Wikipédia dans plusieurs langues, tous les articles du site *The Conversation* et toujours plus de thèses, de conférences inspirantes (comme les TED), d'articles scientifiques, de projets d'entrepreneurs sociaux, d'associations, d'entreprises, d'étudiants ou de chercheurs repérés par leurs pairs et de contenus journalistiques de qualité. Des contenus éprouvés par les méthodes de revue par les pairs que nous avons évoquées plus haut, ce qui permet de naviguer dans des connaissances vérifiées par la communauté d'experts qui vous intéresse.

Lorsque vous écrivez ou lisez un texte que vous trouvez pertinent, vous pouvez le donner à WeLearn, comme on soumet une requête à un moteur de recherche et, de la même manière, WeLearn vous indiquera les sources (et ressources) dans ses bases de données auxquelles se rattache votre texte.

C'est ce qui a été fait pour cet ouvrage par Jean-Marc Sevin, qui a programmé WeLearn. Il a pris chaque chapitre de ce livre et a pu identifier des articles de qualité qui ont déjà permis d'enrichir les références citées ici. Bientôt, WeLearn pourra aussi vous indiquer des projets complémentaires à celui que vous êtes en train de mener, des auteurs, des pairs, des mentors, des personnes à rencontrer qui ont des compétences complémentaires aux vôtres. Il pourra aider des individus à cartographier leurs connaissances et tout ce qu'ils pourraient apprendre pour explorer de nouvelles opportunités. Nous travaillons également à faire des choses équivalentes pour des organisations désireuses de cartographier leurs compétences et les zones qu'elles n'ont pas encore explorées mais qui pourraient être pertinentes pour leur évolution.

WeLearn peut déjà faire ce genre de choses à partir d'un texte que vous lisez, mais aussi à partir d'un texte que vous avez écrit. Un rêve par exemple, un projet un peu fou qui peut paraître prématuré à des esprits chagrins. Grâce à WeLearn, vous pourrez être demain relié à des personnes qui ont des rêves proches voire identiques, et en capacité de relier vos rêves à toute une galaxie de connaissances ou d'expériences, et ainsi de documenter la façon dont votre rêve pourrait prendre forme dans la vie réelle. On pourrait ainsi passer du rêve (personnel) à l'utopie (collective) et, instruit par les connaissances et les expériences déjà accumulées, identifier les processus qui permettent de passer en mode projet. À plus long terme, il serait également possible de cartographier les utopies et de les soumettre à la sagacité collective, par exemple grâce à des outils de *civic tech* dont j'ai déjà parlé.

Il est amusant de noter que cette capacité à créer une équipe capable de transformer un rêve en réalité se faisait avant le développement de ce type d'outil. Pour n'en donner qu'un exemple, Jean-Marc Sevin, qui a donc développé WeLearn, a rejoint le CRI après m'avoir entendu parler sur France Culture de ce qui n'était même pas encore un projet structuré, celui de disposer d'un GPS de la connaissance. Il suivait alors un master en intelligence artificielle à Télécom Paris-Tech et a proposé de venir développer ce qui alors n'était qu'un rêve, et qui est depuis en passe de devenir une réalité grâce à lui et à l'équipe numérique du CRI dirigée par Éric Chérel. En créant un GPS des rêves, on peut espérer faciliter l'émergence de collectifs partageant les mêmes rêves et capables de faire ensemble des choses qu'une personne ne saurait faire seule.

Et si nous libérions nos imaginaires individuels et collectifs ?

Et si nous nous appuyions sur notre capacité à nous coordonner, en passant par des fictions inspirantes, pourrait-on changer le monde ?

Et si nous pouvions rencontrer des gens qui partagent les mêmes « Et si nous » ?

Et si nous écrivions et partagions nos « Et si nous » ?

Conclusion

ET SI NOUS ÉCRIVIONS DES « ET SI NOUS »

Alors que j'arrive à la conclusion de ce livre sort sur les écrans de cinéma *Bigger Than Us* (« Plus grand que nous »), film remarquable dans lequel Flore Vasseur raconte les combats que de jeunes activistes mènent, dans le monde entier, pour les droits des femmes, les personnes déplacées, la protection de l'environnement, celle des droits humains… Malgré la pandémie qui a éloigné les spectateurs des salles obscures, et le manque de budget de communication, je lui souhaite sur la durée le même succès que *Demain*, le documentaire de Cyril Dion et Mélanie Laurent. Ces œuvres condensent bien des leviers qui me semblent précieux pour changer le monde : elles parlent de la jeunesse et de son énergie créatrice, formulent de nouveaux récits fédérateurs, proposent des panthéons laïques et bien vivants, lient local et global, articulent fractal et viral. Elles montrent aussi, peut-être surtout, qu'entre désolation et action, il suffit d'un déclic qui, s'il n'est pas à la portée de tous, n'exige pas non plus d'être des héros, d'autant que nous pouvons tous nous joindre à ces actions impulsées par des pionniers.

Si vous doutiez de l'importance de ceux qui rejoignent les actions des pionniers, je vous recommande ces 2 minutes et 53 secondes de vidéo TED où vous verrez comment un mouvement peut naître quand un pionnier, qui peut paraître marginal, est rejoint par d'abord un premier suiveur puis encore un autre et rapidement un collectif toujours plus grand[1].

Et si nous… Cette invitation résonne comme un défi enfantin ? C'est aussi sa magie : elle n'est pas hors de portée, tant individuellement que collectivement. C'est une invitation que nous avons tous entendue à changer les règles du jeu, à faire ensemble des choses que nous ne saurions faire seuls. Si cela peut donner plus de sens au jeu collectif, si cela se fait en respectant les besoins de chacun, cela pourrait nous aider à créer des dynamiques vertueuses mobilisant toujours plus d'acteurs pour le bien commun.

Aiguë avant la Covid-19 notamment à cause de la crise climatique, l'urgence s'est encore accrue. Dans tous les domaines, la pandémie a creusé les failles de nos sociétés, dans le monde entier, et aggravé la situation des plus fragiles : les jeunes, les personnes âgées, les femmes, les plus pauvres… L'éco-anxiété chez les 16-25 ans est à son comble, selon un sondage mené par l'institut Kantar auprès de 10 000 d'entre eux dans dix pays (Australie, Brésil, États-Unis, Finlande, France, Inde, Nigeria, Philippines, Portugal et Royaume-Uni). « Trois quarts jugent le futur "effrayant", 56 % estiment que "l'humanité est condamnée", 55 % qu'ils auront moins d'opportunités que leurs parents, 52 % que la sécurité de leur famille "sera menacée" et 39 % hésitent à avoir des enfants. Plus de la moitié des sondés déclarent se sentir apeurés, tristes, anxieux, en colère, sans défense ou coupables. Moins de 30 % se définissent comme optimistes[2]. » Les psychiatres parlent désormais de stress pré-traumatique, celui que l'on ressent avant même d'avoir vécu directement un traumatisme physique, comme celui que l'on ressent en voyant à la télévision la vidéo d'une crise climatique (inondations, canicules, incendies géants, etc.[3]).

Les pays dits émergents « sont tombés de leurs sommets avec des décrochages parfois violents, à l'instar de l'Inde et du Mexique, qui ont connu des récessions respectives de 8,7 % et 9,1 % l'an dernier » – ce « grand bond en arrière » les touche tous, à l'exception de la Chine[4]. Les scientifiques et les organismes internationaux qui veillent sur notre avenir, le bien-être et la santé des enfants (Unicef et OMS), l'évolution du climat (GIEC) ou de la biodiversité (UICN) multiplient les alertes et nous disent que, s'il n'est pas encore trop tard, il nous faut agir collectivement pour le bien commun, pour notre bien-être à tous et celui des générations à venir.

Cette crise m'a particulièrement touché. Comme biologiste, puisque c'est une crise du vivant. Comme directeur d'un centre de recherche et de formation, en ce qu'elle remet en question nos façons d'apprendre, de prendre conscience, de nous préparer à répondre aux défis nouveaux auxquels nous faisons face. Elle m'a aussi donné le temps de la réflexion, m'a permis de lire nombre des ouvrages que je cite ici et a fait naître en moi le besoin de comprendre ce que nous avons hérité des Lumières, quitte à en faire un bilan critique pour le rendre plus inclusif et plus respectueux de tous les êtres vivants, à commencer par les plus vulnérables. Elle m'a également donné l'envie de partager ces réflexions et d'écrire ces « Et si nous », dans l'espoir de contribuer à ma modeste place à des dynamiques collectives, initiées par tant de bonnes volontés, que j'ai essayé ici de relayer.

Comme bien d'autres, je n'ai pas attendu 2020 pour appeler de mes vœux l'émergence d'un « monde d'après ». Car la Covid-19 n'a inventé aucune des inégalités qu'elle creuse. Toutes étaient là, résultat de notre façon de (sur)produire et de (sur)consommer, d'épuiser la planète et la majorité des femmes et des hommes qui l'habitent, au profit d'une minorité d'entre eux.

Il est plus impératif et urgent que jamais de passer des logiques de domination et d'exploitation qui l'emportent aujourd'hui à une logique de *care* et de sobriété qui nous invite à prendre soin de nous, des autres et de la planète.

Si vous manquez de capacité à imaginer des manières de sortir de ce genre de logique, laissez-moi vous donner quelques exemples.

Certains sont victimes d'une addiction comme la cigarette, qui non seulement ruine leur santé mais aussi celle des autres car ils enfument leur entourage, victime de tabagisme passif, et trop souvent ils jettent des mégots qui sont une des pires manières de polluer l'environnement. Arrêter de fumer semble dans ce cas une option pour prendre simultanément soin de soi, de son entourage et de l'environnement.

Graeber, aujourd'hui malheureusement disparu et cité plus haut, a aussi écrit sur les *bullshit jobs*[5], ces

« boulots à la con » où l'on se sent inutile, où on ne voit pas le sens de nos activités. Il y a donc ceux qui perdent leur vie à la gagner dans une compétition professionnelle effrénée et une activité dépourvue de sens. Manipulés par une IA qui, grâce à leurs données personnelles, connaît leurs faiblesses, ils surconsomment et s'achètent les derniers produits à la mode alors qu'ils n'en ont pas toujours besoin, juste pour paraître branchés, sans toujours réaliser que, ce faisant, ils polluent et utilisent des ressources précieuses. Une fraction grandissante de ceux qui se reconnaissent dans ce genre de portrait et qui sont à peu près sûrs de ne pas contribuer à prendre soin d'eux, des autres et de la planète sont dans des transitions personnelles pour changer de mode de vie.

Si Graeber décrit que depuis toujours nos différentes manières de collaborer sont réparties entre des activités collectives librement choisies, forcées ou intéressées, notre temps est aussi occupé par des actions plus individuelles. C'est certainement le cas du sommeil qui occupe près d'un tiers de notre vie. C'est aussi vrai de nombreuses activités très personnelles qui peuvent être dédiées aux rêves éveillés, aux arts, aux apprentissages autodidactes, à la promenade dans un lieu inspirant, à la méditation, à la récupération, à la détente ou encore à toute activité personnelle qui n'a pas de but associé à un collectif.

Dans le monde numérique comme à tous les autres moments de notre histoire, on retrouve les différentes dimensions énoncées par Graeber, qui structurent nos contributions collectives – marchandisation, contrôle étatique, volonté de contribuer à des activités collectives librement choisies et temps passé à explorer sans but précis.

Quand Reed Hastings, le patron de Netflix, annonce que son concurrent ultime est le sommeil des internautes[6] (temps qui est en recul, ce qui contribue à nombre de nos difficultés), on voit que, dans l'économie de l'attention, grâce aux algorithmes qui nous manipulent et aux contenus addictifs, il existe une compétition féroce pour notre temps de cerveau disponible[7]. Comme nombre de sites web et d'applications ont été conçus pour être addictifs, le concept d'activité librement choisie devient discutable.

Ces conflits entre nos différentes activités expliquent sans doute pourquoi les progrès du numérique se voient partout sauf dans les statistiques de croissance de la productivité, pour paraphraser le paradoxe énoncé par le Prix Nobel d'économie Robert Solow dès 1987. Les relations numériques étant *in fine* moins satisfaisantes que celles qu'on a dans nos interactions physiques, on comprend aussi pourquoi on peut se sentir si seul et si déprimé, comme le dénoncent entre autres Sherry Turkle ou Johann Hari et les études citées plus haut.

Est-on encore libre quand on est dépressif et dépendant de nos addictions ? Sortir de ces spirales addictives dans lesquelles nous sommes trop souvent enfermés n'est pas si simple pour les individus victimes des manipulations qu'ils subissent.

Et si nous retrouvions du temps pour nous, pour comprendre nos besoins profonds, nos *ikigaï*, pour nous relier à nous, aux autres et à notre environnement, pour définir nos priorités ? Il pourrait être essentiel de prendre ce temps pour réfléchir à ce que nous souhaitons faire de notre passage sur Terre. C'est vrai des individus et des organisations qui ont encore moins de temps pour penser leur place et leur avenir.

C'est d'autant moins facile pour les collectifs que nos habitudes dictent leur tempo et que le système dominant, même s'il n'est pas durable, a le mérite d'exister et de fournir nombre d'avantages à court terme, malgré ses inconvénients présents et plus encore futurs.

Et si nous devions en passer par une refonte systématique de l'héritage des Lumières. Les plus jeunes étant moins soumis au poids du passé, il se pourrait qu'il soit plus simple de commencer par nos façons d'éduquer. Elles pourraient être centrées sur l'apprentissage de connaissances et de méthodes adaptées à la complexité et à la simultanéité des enjeux vitaux auxquels nous sommes confrontés. Elles gagneraient aussi à multiplier des propositions d'actions locales qui, par leur efficacité visible et par l'émotion qu'elles suscitent, enseignent mieux que bien des discours que « l'action paie », que le changement est possible, que chaque individu peut y contribuer. Que cela sert à quelque chose. De plus, il a été montré que former les enfants à la compréhension des effets du changement climatique a des impacts sur leurs parents, c'est d'autant plus vrai si l'on a affaire à une fille qui peut mieux que personne influencer son père.

Un autre défi consiste à contrer le risque de désespoir et d'« aquoibonisme », le sentiment que rien ne sert à rien, le désenchantement démocratique et psychologique qui conduit à s'abstraire de la vie collective par l'abstention ou par le repli personnel ou communautaire – avec toutes les dérives sous-jacentes que cela comporte, notamment la tentation autoritaire ou celle de chercher des boucs émissaires contre lesquels tourner sa colère.

De nombreux philosophes nous invitent à réfléchir autrement et éclairent notre monde de nouvelles Lumières. L'Australien Glenn Albrecht plaide pour que l'on sorte de l'anthropocène et que l'on passe au « symbiocène » – « l'empreinte des humains sur la Terre sera [alors] réduite au minimum, et toutes les activités humaines seront intégrées dans les systèmes vitaux[8] ». La philosophe Corine Pelluchon, avec qui j'ai eu le plaisir d'échanger, veut à la fois repenser « les Lumières à l'âge du vivant[9] » et « réparer le monde[10] » : « Le défi majeur, peut-être, de l'humain, notamment aujourd'hui, c'est d'apprendre à vivre avec celui qui est différent de lui, "le plus autrui de tous les autrui", disait Lévi-Strauss en parlant des animaux, sans le mépriser, sans lui dénier tout droit à exister selon ses normes propres. (…) Il semblerait que l'humain ait du mal à faire de la place à autrui au sein de son existence[11]. » L'Allemand Hartmut Rosa propose « d'aller vers une société post-croissance surtout, avec un équilibre qui ne repose pas sur un besoin d'accélération permanent. Le souci est que nous continuons d'accélérer dans une société qui ne produit plus de croissance[12] ».

À l'échelle globale, on note depuis les années 1960 une décélération progressive des croissances économiques et démographiques et une diminution de l'empreinte carbone de chacune de nos productions.

On n'en est pas encore à la sobriété heureuse et à la nécessaire décroissance, en particulier dans nos émissions de CO_2, mais on voit qu'une partie du chemin a été faite. Comme le dénoncent à juste titre nombre d'entre nous, c'est sans doute trop peu et trop tard, mais ces évolutions montrent qu'on peut avancer et qu'on peut espérer aller plus loin encore, à mesure que croît la prise de conscience de l'urgence de le faire.

Les Lumières du XVIIIe siècle ont accouché des systèmes démocratiques et éducatifs qui nous ont fait réaliser des pas de géant pour l'époque, en plaçant au cœur de leur message la méthode scientifique et la philosophie. Mais elles ont émergé en un temps où les relations se construisaient sur la domination (de certains pays sur les autres, des hommes sur les femmes, des esclavagistes sur les esclaves, etc.). Les nouvelles Lumières doivent actualiser ce formidable héritage dans un contexte plus sobre, plus égalitaire et plus inclusif et au regard de deux notions alors ignorées. La simultanéité des expériences humaines (par le biais de la mondialisation et de la numérisation des informations) et la finitude de la planète, qui nous amènent à devoir penser d'autres modes de vie pour passer de la surexploitation des ressources à la sobriété heureuse et à l'exploration de nos créativités, de nos intelligences et de celles de l'ensemble du vivant.

Et si nous passions d'une logique de l'avoir à une logique de l'être ? D'une logique de la surconsommation à celle de la sobriété ? D'une logique de domination de soi, des autres et de la nature à une capacité à apprendre à prendre soin de soi, des autres et de la planète ? De pensées simplistes à une compréhension de la complexité ? Et si nous passions d'une logique de l'exploitation du connu à une capacité à explorer l'inconnu ? D'une logique d'exclusion à une logique d'inclusion ? D'une logique de compétition à une logique de coopération ? De déclarations d'indépendance à des déclarations d'interdépendance ?

Cela ne se fera pas du jour au lendemain, mais chacun peut y contribuer à son niveau. Les propositions ambitieuses ne manquent pas pour porter des perspectives de ce type – Green New Deal, Green Marshall Plan… Le manifeste de Reboot the Future (« Redémarrer le futur »), l'organisation créée par Kim Polman et Stephen Vasconcellos-Sharpe, que j'ai précédemment citée, propose par exemple un cadre simple, compréhensible et pertinent. Il compile onze principes ou valeurs, qui évoquent parfois une version actualisée des Dix Commandements, et qui pourraient soustendre « un nouveau type de plan Marshall » fondé sur la règle d'or : « Traiter les autres et la planète comme on souhaite soi-même être traité[13]. » Vous avez croisé la plupart de ces valeurs ou principes dans les pages qui précèdent. Compassion et empathie. Amour de la planète. Prendre soin les uns des autres (le *care*). Pondération/équilibre (entre corps et esprit, innovation et tradition, court et long termes, etc.). Bonne administration de la planète. Responsabilisation de la jeunesse et reconnaissance de ses contributions. Éducation de qualité. Citoyenneté réenchantée. Respect du principe du « bon ancêtre » (« *good ancestor* » – celui qui laisse la planète en aussi bon état qu'il souhaiterait l'avoir trouvée). Économie de la vie (fondée sur les besoins de l'être et non sur la quête de l'avoir). Coopération.

Toutes ces valeurs comptent. Je suis spécialement sensible à l'idée du « bon ancêtre », qui nous invite, nous, locataires de la planète le temps de notre vie, à la léguer en aussi bon état (idéalement, même, en meilleur état que nous ne l'avons reçue de nos parents) à nos enfants. Dans le contexte actuel de dégradation des conditions d'existence et de diminution de l'espérance de vie des enfants et adolescents, y compris dans les pays riches et développés, la nécessité de prendre soin des générations futures constitue un impératif absolu.

De multiples initiatives portent l'espoir. Partout dans le monde, des scientifiques, souvent jeunes, s'organisent pour penser d'un même geste progrès scientifique, innovation technologique et impacts environnementaux et sociétaux. De même qu'il existe des « entrepreneurs sociaux » qui tentent de marier entreprise et bien commun, il existe des « scipreneurs sociaux », des entrepreneurs qui travaillent à l'intersection des sciences appliquées et du progrès social – en France, ils se fédèrent notamment à l'initiative de Mélanie Marcel au sein de SoScience[14]. Pour avoir le plaisir de côtoyer toujours plus de jeunes engagés dans des démarches innovantes, je suis optimiste sur leur capacité à créer de nouvelles dynamiques à fort impact.

Faire le lien entre la myriade d'initiatives ou de volontés individuelles qui existent et les entités capables d'agir à une large échelle (ONG, gouvernements, organisations internationales…) nous invite à multiplier les espaces intermédiaires (*middlegrounds*, labs des métiers de demain, éco-lieux, *makerspaces*, etc.), où les idées se transforment en action, où des personnes d'horizons variés co-construisent des futurs possibles. Comme dans les salons du XVIIIe siècle, où s'affinèrent les idées qui firent émerger les Lumières, il faut des tiers-lieux pour se retrouver et que des tiers de confiance veillent à ce que les débats passionnés ne deviennent pas passionnels, que l'émotion irrigue la raison sans l'emporter.

J'ai écrit ce livre pour apporter ma pierre à l'édifice de cette indispensable discussion qui se doit d'être ouverte sur le monde, mais aussi dans l'espoir de vous inviter à apporter la vôtre.

Et vous, quels sont vos « Et si nous » ? Vos contributions à ces sujets ?

Je vous donne maintenant rendez-vous sur la plateforme à laquelle vous pouvez accéder au début et à la fin de ce livre, pour que nous explorions ensemble nos futurs possibles et désirables.

Et si nous continuions cet échange en ligne ou en face à face (par exemple dans le cadre expliqué dans le dernier chapitre) ?

Et si nous créions des dynamiques qui nous permettraient de faire ensemble ce que nous ne saurions faire seuls mais dont nous savons que c'est la meilleure manière, non seulement d'éviter des futurs peu souhaitables mais aussi de donner la possibilité aux générations qui viennent de retrouver l'espoir dont elles ont besoin pour bâtir l'avenir ?

Et si nous faisions de nos vies un rêve, et de nos rêves, une réalité ?

ET SI NOUS SAVIONS EXPRIMER NOTRE GRATITUDE ET CRÉER UNE COMMUNAUTÉ (AUTREMENT DIT : « REMERCIEMENTS ET INVITATION »)

Je dois avouer que je n'ai jamais été très bon pour exprimer ma gratitude. Même si tout petit on apprend à dire merci, la gratitude est bien plus que la politesse ou qu'un simple remerciement. S'il me reste bien sûr beaucoup à apprendre sur ce sujet comme sur tant d'autres, j'ai l'impression d'avoir progressé pas à pas. Quelques lectures dont celles des stoïques, qui invitent à imaginer le pire pour savourer le meilleur, ou de Confucius et de sa seconde vie, n'y sont pas étrangères. Tout comme le concept d'Ubuntu, cher à Nelson Mandela, Desmond Tutu, Barack Obama et à toujours plus d'entre nous, car il incarne une culture du *care*, de l'interdépendance et de la gratitude. On illustre souvent cette philosophie humaniste originaire du sud de l'Afrique par « Je suis parce que nous sommes », je préfère la variante « Je suis grâce à vous » car elle exprime mieux encore ce que je dois à toute la communauté humaine.

La pandémie, la crise climatique et leurs multiples conséquences, ou encore le départ d'incendie dans la résidence universitaire qui jouxte le CRI il y a peu, le 14 juillet 2021, heureusement rapidement maîtrisé par une étudiante prévoyante qui avait son propre extincteur, y contribuent à leur manière. Si j'imagine le pire je sais combien je pourrais perdre et donc je peux me réjouir de ce que la vie m'a offert. Si j'ai peur de perdre cet espace unique de co-création et d'incubation de projets plein de sens, dont je n'aurais pas osé rêver, je dois savourer la chance de bénéficier d'un tel lieu de travail. Je me dois aussi de dire ma gratitude à tous ceux qui ont contribué à le bâtir. Ce lieu n'existerait pas sans l'engagement de tellement de gens que je ne puis en faire une liste exhaustive. Qu'ils soient étudiants, chercheurs, enseignants, maçons, architectes, qu'ils travaillent à l'université, à la Ville de Paris, à la fondation Bettencourt Schueller ou au CRI ou bien chez tous ceux qui ont contribué directement ou indirectement à son histoire, je leur dois tellement que je ne saurais leur exprimer ma gratitude de manière adéquate.

La prise de conscience de notre finitude peut donc paradoxalement devenir, une fois admis que rien ni personne n'est immortel, une source de gratitude. Quand on comprend que l'on est une poussière d'étoile qui a la chance d'être vivante et le privilège d'en être consciente, on développe progressivement cette gratitude envers les dynamiques de l'existence. On a le droit de considérer qu'elles ne sont pas parfaites mais sans elles nous ne serions tout simplement pas là.

Si nous ne sommes pas toujours satisfaits de ces dynamiques, c'est à chacun de savoir distinguer ce qu'il peut changer, quitte à trouver les ressources pour le faire, et ce qu'on ne peut influencer, qu'on ne peut qu'espérer accepter avec le plus de sérénité possible. Si j'aimerais avoir la sagesse pour distinguer ces deux catégories et que je dois encore progresser en sérénité, j'ai la chance d'avoir su trouver quelques ressources pour œuvrer à mon petit niveau, et je suis plein de gratitude envers tous ceux qui m'ont aidé à développer des projets que je n'aurais jamais pu imaginer il y a quelques années. Sans l'avoir explicité ainsi jusqu'ici, je crois que c'est parce que nous étions en mode « Et si nous » que nous avons pu développer autant de projets collectifs.

Si le bonheur est une joie dont on prend conscience, nous pouvons ressentir de la gratitude en prenant conscience de notre histoire et de tout ce qui a contribué à nous permettre d'être là. Permettez-moi donc de dire toute ma gratitude envers mes parents, mes grands-parents et tous mes ancêtres (jusqu'à Luca, notre premier ancêtre commun dont nous avons déjà parlé). Si je leur dois mon patrimoine génétique, je dois aussi beaucoup à tous ceux qui m'ont tant appris et que j'ai listés dans les remerciements de mon précédent ouvrage, *Apprendre au XXIe siècle*. Je me contenterai donc ici de remercier plus spécifiquement ceux qui ont contribué à ce livre.

Écrire un livre comme celui-ci est une manière de prendre du recul sur son parcours, et écrire des remerciements une manière de prendre du recul sur l'exercice d'écriture. L'écriture de ce livre a été très différente du précédent qui avait été le fruit d'années de réflexion sur les modalités d'apprentissage nourries par de très nombreuses rencontres, de multiples voyages, d'innombrables lectures et les expériences que nous avons pu vivre depuis les débuts du CRI. Fruit d'une longue gestation et de l'amitié d'Emmanuel

Davidenkoff, qui avait accepté de m'interviewer et de prendre la plume pour me convaincre de mettre sur le papier les idées que je portais depuis longtemps.

Si la genèse du premier livre fut longue et le fruit de nombreuses hésitations et discussions, celle de cet ouvrage s'est imposée à moi une nuit sans que j'aie même imaginé que j'écrirais un second livre. J'en garde un vif souvenir. Le 9 décembre 2020 au milieu de la nuit je me suis réveillé avec ce #EtSiNous en tête et, en quelques heures au petit matin, le contenu et une première ébauche des chapitres s'étaient imposés à moi. Il y a bien sûr beaucoup de travail pour passer de l'idée à la réalisation et comme tant de mes rêves, ce livre n'aurait pas vu le jour sans un collectif qui a su m'aider à le réaliser. Le matin même, j'ai donc envoyé quelques bouteilles à la mer aux complices qui avaient su tant m'aider pour le livre précédent et, à ma grande surprise, ils ont répondu présents immédiatement.

Passer de « Et si nous écrivions un livre ? » à l'objet que vous avez dans vos mains est un processus qui ne peut se faire sans l'aide d'une multitude de personnes qui contribuent à l'ouvrage collectif. Comme le précédent, ce livre doit tout au professionnalisme et à l'amitié d'Emmanuel Davidenkoff, de Philippe Robinet et de toutes ses équipes chez Calmann-Lévy. Je dois leur dire ma gratitude pour avoir su s'adapter à un auteur qui ne rentre pas forcément dans les cases et aime sortir des sentiers battus.

Des forestiers qui ont fourni la matière première aux libraires chez lesquels vous avez acheté ce livre en passant par les éditeurs, les correcteurs, les imprimeurs, les distributeurs, les papetiers, les juristes, les attachés de presse et bien d'autres que je m'excuse de ne pas citer, c'est toute la chaîne de l'édition à qui je tiens à dire ma gratitude car sans elles et sans eux nous n'aurions pas pu créer un lien entre nous à travers ce livre.

Marie-Cécile Naves, co-autrice du rapport sur une société apprenante et d'un remarquable ouvrage sur la démocratie féministe[1], avait joué un rôle essentiel avec Xavier Desplas dans la création du MOOC intitulé « Vers une planète apprenante », qui reprenait une partie du rapport et des idées du livre précédent en mode documentaire. Pour ce second ouvrage, elle a contribué aux séances de maïeutique avec Emmanuel. À deux, ils m'ont patiemment interviewé sur les différents chapitres qu'ils ont tous deux nourris de leurs propres idées. Marie-Cécile a également contribué depuis à la rédaction d'articles inspirés de ces échanges dans le journal en ligne *The Conversation* et à réfléchir à la meilleure manière de partager ces idées et de les faire vivre par différents canaux.

Ce livre a aussi bénéficié du retour des lecteurs du précédent ouvrage que j'ai eu le plaisir de rencontrer, qui m'ont écrit ou contacté sur les réseaux sociaux. Leur encouragement, remarques ou critiques constructives m'ont permis d'oser prendre la plume de nouveau et je tiens à les en remercier. Je me souviens en particulier d'une lectrice qui m'a fait rire en disant que ce livre devrait être remboursé par la Sécurité sociale. J'imagine qu'elle pensait à ses capacités de somnifère, même si de bonnes âmes ont essayé de me faire croire que c'était un ouvrage qui permettait de retrouver de l'énergie.

Ce nouvel ouvrage a également bénéficié des critiques constructives de mes premiers lecteurs, que je ne peux pas tous nommer ici mais qui m'ont encouragé à aller de l'avant – ils se reconnaîtront et savent combien je leur dois et combien je les remercie. Permettez-moi en particulier de remercier mon père, le plus critique de ces premiers lecteurs, qui a su m'aider à améliorer cet ouvrage, à lui donner du relief et à l'enrichir de ses idées. Puisqu'un couple fonde une famille par un premier #EtSiNous conçu d'abord à deux, c'est en particulier Angèle, Sophia, Bosco, mes sœurs, oncles, tantes et cousins qu'il me faut aussi remercier pour leur présence constante à mes côtés. Sans oublier mes chers disparus dont ma mère qui, détournant un slogan avec son humour espiègle, disait « l'oignon fait la force ». Elle a fortement influé sur ma volonté de contribuer à des collectifs en évitant de me prendre trop au sérieux. Décidément, l'effet mère est éternel.

Ce livre doit aussi à de nombreux auteurs et acteurs d'une société apprenante qui, par leurs écrits, leurs conférences, leurs idées, leurs conversations m'ont nourri : j'ai essayé d'en lister quelques-uns dans chaque chapitre, mais je sais combien je dois à bien d'autres et en particulier à tous ceux qui me nourrissent quotidiennement parce qu'ils partagent mon bureau au CRI, Ariel Lindner qui dirige la recherche, Bénédicte Gallon, notre secrétaire générale, Jean Grellet qui est *chief facilitation officer* et Gaëll Mainguy, directeur du développement et de l'international, ou parce qu'ils travaillent et étudient dans nos locaux. Là aussi, j'ai essayé de les remercier dans le précédent ouvrage et ils se reconnaîtront dans la lecture de celui-ci.

À l'heure où j'écris ces lignes, le CRI va devenir le « Learning Planet Institute », l'« institut de la Planète apprenante ». Ce changement de nom a de nombreuses raisons. Nous avons décidé pour les motifs exposés dans ce livre de nous centrer sur les apprentissages individuels et collectifs nécessaires pour relever les défis de notre temps, dont ceux qui mettent en péril notre avenir sur cette planète. Nous avons choisi d'être un institut car c'est en français comme en anglais un symbole de lieu d'excellence en matière de recherche et de formation. Nous avons choisi de nous développer à l'international et de le faire dans la langue qui est aujourd'hui celle de la science et de la globalisation, car nous voulons pouvoir apprendre de tous et mobiliser l'intelligence collective à toutes les échelles, du collectif d'étudiants local à tous ceux qui aux quatre coins de la planète veulent contribuer à écrire de nouveaux « Et si nous ».

Même si nous changeons de nom afin d'augmenter notre impact pour répondre à une demande toujours croissante, nous resterons centrés sur nos fondamentaux, la capacité à co-concevoir avec les apprenants et les enseignants des environnements d'apprentissage par la recherche où ils puissent apprendre à relever des défis. Nous continuerons à combiner l'apprentissage par la recherche et la recherche sur la société apprenante afin de mettre intelligence collective et intelligence artificielle à disposition des apprenants de tous âges, en collaboration avec les partenaires de l'institut des Défis comme la Ville de Paris, Université de Paris et CY Université. Nous ferons co-évoluer outils numériques et ouverture internationale dans le cadre de l'initiative Planète apprenante (#Learning-Planet) que nous avons lancée avec l'Unesco et des centaines de partenaires. Outre les développements à l'international et dans le domaine de l'intelligence artificielle dont j'ai déjà parlé, la nouveauté principale sera l'accompagnement d'organisations publiques et privées, françaises et internationales, qui veulent devenir plus apprenantes pour relever les défis de notre temps. Si la réflexivité est la clé pour apprendre à apprendre chez les individus, c'est aussi le cas dans une entreprise, une ville ou une administration soucieuses de faciliter les apprentissages de chacun et de gagner en adaptabilité, en capacité à relever des défis toujours plus nombreux. Comme le disait le président de Hewlett Packard : « Si HP savait ce que HP sait, nous serions trois fois plus efficaces. »

Une des leçons de l'expérience du MOOC et du livre sur les manières d'apprendre est que la lecture d'un livre est essentiellement un exercice solitaire qui ne facilite pas la création d'une communauté de lecteurs. Malgré leur caractère éphémère, les « *massive open online courses* » peuvent permettre de créer une communauté, car par le biais du numérique on dispose de nouvelles possibilités. La personne intéressée par le sujet du cours y trouve des forums de discussion, des ressources complémentaires, et on peut y apporter ses réflexions et même ses projets et mieux encore en imaginer de nouveaux qui se nourrissent de l'apport de chacun. Alors que le MOOC « Vers une planète apprenante » a eu trois fois moins d'inscrits que le livre *Apprendre au XXIe siècle* n'a eu de lecteurs, la richesse des échanges en ligne a été bien plus grande qu'entre lecteurs du livre, même si certains ont pu le faire à travers les réseaux sociaux. Mais, sur ces derniers, l'effet de dilution dans les flux d'information est trop important et les actuelles plateformes de MOOC ont aussi bien des contraintes puisque, par exemple, la communauté disparaît à la fin de la période du cours et que les contributions ne sont plus accessibles malgré leurs richesses qui ont nourri les réflexions de tous les participants, à commencer par celles de votre serviteur.

Pour pallier ces difficultés, nous avons décidé pour ce livre de prototyper une alternative, dont le nom de code est MOOD (comme « *massively online open debate/discovery* »), un lieu de découverte et d'échanges en ligne ouvert à toutes celles et à tous ceux qui sont « motivés par » ces sujets (en anglais, on dirait « *in the mood for* »). Permettez-moi de remercier celles et ceux qui y ont contribué (en particulier les premiers à se mobiliser : Alexandra, Laurent, Clémence de Robert, Éric Chérel, Iryna Nikolayeva, Marie-Cécile Naves, et Olivier Bréchard, Pashû Dewailly Christensen et Véronique Giacomoni) et de vous décrire ce projet pour vous inviter à y participer si vous le souhaitez.

Ce n'est encore qu'une ébauche, mais j'espère que nous serons nombreux à en bénéficier et à contribuer à l'améliorer. Et si nous essayions de créer un nouvel avatar digital numérique de l'agora d'Athènes, des salons du XVIIIe siècle ou une réinvention des *Dossiers de l'écran* de ma jeunesse (émission consistant en un débat de qualité qui suivait la projection d'un film inspirant à la télévision) ? Et si nous inventions « des dossiers des écrans » ?

C'est donc une invitation à co-créer un lieu de débat ouvert et constructif qui peut rassembler des communautés désireuses de s'impliquer sur les différents sujets évoqués dans chaque chapitre du livre. J'aimerais que ce soit un lieu où l'on puisse proposer de nouveaux #EtSiNous, construire son open panthéon, découvrir des ressources, des lieux, des événements, des personnalités inspirantes et contribuer à une communauté qui puisse débattre de manière constructive, partager des idées, initier, à terme, de nouvelles dynamiques.

Ce type de lieu pourrait s'améliorer grâce à la contribution de tous – à la mobilisation de l'intelligence collective. À l'avenir, il pourrait héberger bien d'autres débats, par exemple ceux commencés autour d'un livre, d'un film ou d'un documentaire inspirant car nous manquons de lieux où nous retrouver pour échanger sur des sujets qui nous rassemblent. Et si nous inventions des lieux qui fassent autorité, pas au sens autoritaire qui ferait fuir nombre d'entre nous, mais au sens du regretté Michel Serres qui, en revenant à l'étymologie, nous disait que ce joli mot indique la capacité à faire grandir chacun d'entre nous ? Et si nous grandissions ensemble…

Il me reste à vous dire toute ma gratitude d'avoir pris le temps d'aller jusqu'au bout de ce livre et à vous inviter à inventer et partager de nouveaux « Et si nous », par exemple en contribuant à ce nouveau lieu.

Et si nous créions ensemble une communauté…

Et si nous avions l'occasion d'échanger et d'imaginer de nouveaux futurs…

Rejoignez la communauté Et si nous

http://etsinous.learningplanetinstitute.org/

NOTES

Introduction

1. Unicef, « La crise climatique est une crise des droits de l'enfant », août 2021, https://www.unicef.org/media/105536/file/UNICEF_climate%20crisis_child_rights_crisis-summary-FR.pdf

2. Comme rappelé sur Wikipédia, « l'antifragilité est une propriété des systèmes qui se renforcent lorsqu'ils sont exposés à des facteurs de stress, des chocs, de la volatilité, du bruit, des erreurs, des fautes, des attaques, ou des échecs. C'est un concept développé par le professeur Nassim Nicholas Taleb dans son livre *Antifragile. Les bienfaits du désordre* (Les Belles Lettres, 2013).

3. Pour une histoire de l'impact de l'imprimerie sur les siècles qui ont suivi l'invention de Gutenberg, voir *La Révolution de l'imprimé*, ouvrage remarquable d'Elizabeth Eisenstein qui aide même, grâce au recul historique qu'il permet, à penser l'impact des nouvelles technologies de l'information (*La Révolution de l'imprimé dans l'Europe des premiers Temps modernes*, La Découverte, 1991).

4. « *Where is the life we have lost in living ? Where is the wisdom we have lost in knowledge ? Where is the knowledge we have lost in information ?* » (extrait de *The Rock*, de T.S. Eliot).

5. Jonathan Haidt, *L'Hypothèse du bonheur. La redécouverte de la sagesse ancienne dans la science contemporaine*, Mardaga, 2010.

PARTIE I
ET SI NOUS SAVIONS LUTTER CONTRE LES INJUSTICES

1. Et si nous observions la fin d'une époque

1. Vie publique – Parole d'expert, François Gemenne et Marine Denis, « Qu'est-ce que l'anthropocène ? », 8 octobre 2019, https://www.vie-publique.fr/parole-dexpert/271086-terre-climat-quest-ce-que-lanthropocene-ere-geologique

2. La collapsologie se présente comme la science de l'effondrement, celle qui veut à la fois nous convaincre que la fin de notre monde est imminente et nous prescrire des manières de survivre malgré tout.

3. Assemblée nationale, « Mission d'information sur la grippe aviaire », mercredi 12 avril 2006, https://www.assemblee-nationale.fr/12/miga/05-06/c0506041.asp

4. Vladimir Grosbois *et al.*, « Mieux comprendre la diffusion des virus entre les espèces », *The Conversation*, 2 juin 2020, https://theconversation.com/mieux-comprendre-la-diffusion-des-virus-entre-les-especes-137425

5. Collectif, « "La pandémie démontre la nécessité d'associer les compétences vétérinaires à celles des médecins et des scientifiques" », *Le Monde*, 5 août 2020, https://www.lemonde.fr/idees/article/2020/08/05/la-pandemie-demontre-la-necessite-d-associer-les-competences-veterinaires-a-celles-des-medecins-et-des-scientifiques_6048221_3232.html

6. Michel Lussault, « La pandémie souligne la vulnérabilité d'un système fondé sur les villes-mondes », *Le Monde*, 27 avril 2020, https://www.lemonde.fr/economie/article/2020/04/27/la-pandemie-souligne-la-vulnerabilite-d-un-systeme-fonde-sur-les-villes-mondes_6037868_3234.html

7. Anne Chemin, « Comment les épidémies ont façonné l'urbanisme des métropoles occidentales », *Le Monde*, 19 juin 2020, https://www.lemonde.fr/idees/article/2020/06/19/reinventer-la-ville-pour-combattre-les-epidemies_6043379_3232.html

8. *Ibid.*

9. *Ibid.*

10. Sébastien Di Silvestro, « Portrait de chercheur : Jérôme Dinet, navigateur de l'esprit en mouvement », *The Conversation*, 6 décembre 2017, https://theconversation.com/portrait-de-chercheur-jerome-dinet-navigateur-de-lesprit-en-mouvement-88525

11. Carlos Moreno, « La ville du ¼ d'heure : pour un nouveau chrono urbanisme ! », https://www.moreno-web.net/la-ville-du-%C2%BC-dheure-pour-un-nouveau-chrono-urbanisme%E2%80%AF-pr-carlos-moreno/

2. Et si nous n'étions pas invulnérables

1. Marion Dupont, « Histoire d'une notion : "Solastalgie" ou le mal du pays quand il est bouleversé », *Le Monde*, 27 mars 2019, https://www.lemonde.fr/idees/article/2019/03/27/histoire-d-une-notion-solastalgie-ou-le-mal-du-pays-quand-il-est-bouleverse_5442222_3232.html

2. Cyril Tarquinio et Camille Louise Tarquinio, « Covid-19 : Quelles conséquences psychologiques chez les patients hospitalisés ? », *The Conversation*, 23 septembre 2020, https://theconversation.com/covid-19-quelles-consequences-psychologiques-chez-les-patients-hospitalises-145103

3. Vanessa Oltra et Gregory Michel, « Penser l'après : Le confinement, un rite de passage ? », *The Conversation*, 24 avril 2020, https://theconversation.com/penser-lapres-le-confinement-un-rite-de-passage-135744

4. Éric Macé, « Nous ne sommes pas en guerre, nous sommes en "care" », *The Conversation*, 5 mai 2020, https://theconversation.com/nous-ne-sommes-pas-en-guerre-nous-sommes-en-care-137619

5. Sandrine Cabut, « Confrontés au Covid-19, de nombreux soignants sont affectés par des troubles psychologiques », *Le Monde*, 26 novembre 2020, https://www.lemonde.fr/planete/article/2020/11/26/confrontes-au-covid-19-de-nombreux-soignants-sont-affectes-par-des-troubles--psychologiques_6061213_3244.html

6. Hôpital Sainte-Anne, « Enquête Santé mentale. Jeunes médecins, mardi 13 juin 2017 », https://isni.fr/wp-content/uploads/2020/02/enquetesantementale.pdf

7. Pascale Santi et Sandrine Cabut, « Les confinements auraient nettement réduit les capacités physiques et intellectuelles des enfants », *Le Monde*, 28 juin 2021, https://www.lemonde.fr/sciences/article/2021/06/28/les-confinements-ont-nettement-reduit-les-capacites-physiques-et-intellectuelles-des-enfants_6086079_1650684.html

8. Claire Legros, « Le souci de l'autre, un retour de l'éthique du "care" », *Le Monde*, 1er mai 2020, https://www.lemonde.fr/idees/article/2020/05/01/le-souci-de-l-autre-un-retour-de-l-ethique-du-care_6038332_3232.html.

9. Patricia Paperman et Sandra Laugier (dir.), *Le Souci des autres. Éthique et politique du* care, Éditions de l'EHESS, 2006.

10. Mary Gordon, *Racines de l'empathie. Changer le monde, un enfant à la fois*, Presses de l'université Laval, 2014.

11. Matthieu Ricard, « L'empathie et la pratique intensive de la compassion », 4 mai 2009, https://www.matthieuricard.org/blog/posts/l-empathie-et-la-pratique-intensive-de-la-compassion

3. Et si nous décidions que le masculin ne l'emporte plus sur le féminin

1. Alice Develey, « Éliane Viennot : "La langue française n'est pas misogyne" », *Le Figaro*, 19 novembre 2018, https://www.lefigaro.fr/langue-francaise/actu-des-mots/2018/11/19/37002-20181119ARTFIG00027-eliane-viennot-la-langue-francaise-n-est-pas-misogyne.php

2. Michel Guerrin, « "La parité ne fait pas bon ménage avec deux dogmes très ancrés dans le milieu de la culture : la liberté du créateur et le fait que le talent n'a pas de genre" », *Le Monde*, 11 juin 2021, https://www.lemonde.fr/idees/article/2021/06/11/la-parite-ne-fait-pas-bon-menage-avec-deux-dogmes-tres-ancres-dans-le-milieu-de-la-culture-la-liberte-du-createur-et-le-fait-que-le-talent-n-a-pas-de-genre_6083661_3232.html

3. Camille Kouchner, *La Familia Grande*, Seuil, 2021.

4. Ined, « Virage », 2020, https://virage.site.ined.fr/

5. Serge Rabier, « Qu'est-ce que les hommes ont à voir avec le genre ? », *The Conversation*, 25 janvier 2017, https://theconversation.com/quest-ce-que-les-hommes-ont-a-voir-avec-le-genre-71770 ; Francis Dupuis-Déri, « La "crise" de la masculinité ou la revanche

du mâle », *The Conversation*, 8 mai 2018, https://theconversation.com/la-crise-de-la-masculinite-ou-la-revanche-du-male-96194 ; Hugo Melchior, « Violences sexistes : Si les hommes sont le problème, ils font aussi partie de la solution », *The Conversation*, 10 juillet 2017, https://theconversation.com/violences-sexistes-si-les-hommes-sont-le-probleme-ils-font-aussi-partie-de-la-solution-80555

6. Christophe Bys, « Le confinement nuit davantage aux femmes qu'aux hommes », *L'Usine nouvelle*, 3 mars 2021, https://www.usinenouvelle.com/editorial/etude-le-confinement-nuit-davantage-aux-femmes-qu-aux-hommes.N1067144

7. *Ibid.*

8. « La crise sanitaire a accentué la sous-représentation des femmes dans les médias », *Le Monde*, 24 juin 2020, https://www.lemonde.fr/actualite-medias/article/2020/06/24/coronavirus-la-crise-a-conforte-la-place-desequilibree-des-femmes-dans-les-medias_6044058_3236.html

9. « "La relance doit être paritaire" : L'appel à Macron de 120 responsables de réseaux féminins et entrepreneurs », 30 janvier 2021, https://www.lejdd.fr/Economie/tribune-la-relance-doit-etre-paritaire-par-120-responsables-de-reseaux-feminins-et-entrepreneurs-4021919

10. Najat Vallaud-Belkacem et Sandra Laugier, *La Société des vulnérables. Leçons féministes d'une crise*, Gallimard, 2020.

11. « Islande : le budget sensible au genre, une réponse à la crise économique », *Gestion publique, Note réactive*, n° 97, octobre 2017, https://www.economie.gouv.fr/files/files/directions_services/igpde-editions-publications/revuesGestionPublique/IGPDE_Reactive_Islande_octobre_2017.pdf

12. Marie Charrel, « "En matière de parité, l'Islande est une source d'inspiration" », *Le Monde*, 28 janvier 2021, https://www.lemonde.fr/idees/article/2021/01/28/en-matiere-de-parite-l-islande-est-une-source-d-inspiration_6067889_3232.html

13. Robert Flacelière, « Le féminisme dans l'ancienne Athènes », *Comptes rendus des séances de l'Académie des Inscriptions et Belles-Lettres*, vol. 115, n° 4, 1971, p. 698-706.

14. Lowy Institute, « Covid Performance Index – Country Rankings », https://interactives.lowyinstitute.org/features/covid-performance/#rankings

15. Isabelle Dellerba, « Jacinda Ardern, la Première ministre de Nouvelle-Zélande, brigue un second mandat », *Le Monde*, 14 octobre 2020, https://www.lemonde.fr/international/

article/2020/10/14/en-nouvelle-zelande-la-premiere-ministre-jacinda-ardern-brigue-un-second-mandat_6055967_3210.html

16. *Id.*, « Nouvelle-Zélande : Pourquoi la victoire politique de la Première ministre Jacinda Ardern est historique », *Le Monde*, 18 octobre 2020, https://www.lemonde.fr/international/article/2020/10/18/en-nouvelle-zelande-victoire-historique-pour-jacinda-ardern_6056469_3210.html

4. Et si nous nous respections

1. Infirmiers.com, « L'obésité en progression constante en France selon l'enquête de la Ligue contre l'obésité », 6 juillet 2021, https://www.infirmiers.com/actualites/actualites/obesite-progression-constante-france-selon-enquete-ligue-contre-obesite.html

2. *Ibid.*

3. Julia Pascual, « Immigrés : Une mortalité deux fois plus élevée face à la pandémie de Covid-19 », *Le Monde*, 7 juillet 2020, https://www.lemonde.fr/societe/article/2020/07/07/coronavirus-les-immigres-deux-fois-plus-atteints-que-les-personnes-nees-en-france_6045448_3224.html

4. *Ibid.*

5. Thomas Piketty, *Le Capital au XXIe siècle*, Seuil, 2013.

5. Et si nous prenions soin de nos enfants

1. Pascal Hennequin, « Santé et hygiène de l'enfant dans l'Égypte ancienne », *Sciences du Vivant*, 2001, https://hal.univ-lorraine.fr/hal-01738956

2. Edwige Antier, « Réflexion sur les châtiments corporels infligés aux enfants et leur interdiction par le droit », *Les Cahiers de la justice*, vol. 1, n° 1, 2011, p. 107-110.

3. Corinne Nicolas, « Eglantyne Jebb et les réseaux d'aide à l'enfance dans les années 1920-1930 », *Bulletin de l'Institut Pierre-Renouvin*, université Paris-I, n° 20, automne 2004, p. 61-71.

4. *Ibid.*

5. *Ibid.*

6. Anne Rabeau, « Janusz Korczak (1878-1942) », Savoirs-CDI, avril 2013, https://www.reseau-canope.fr/savoirscdi/societe-de-linformation/le-monde-du-livre-et-de-la-presse/

histoire-du-livre-et-de-la-documentation/biographies/janusz-korczak-1878-1942.html

7. Unicef, « “Un avenir pour les enfants du monde ?”, le nouveau rapport OMS-Unicef-*Lancet* », 18 février 2020, https://www.unicef.fr/article/un-avenir-pour-les-enfants-du-monde-le-nouveau-rapport-oms-unicef-lancet

8. *Ibid.*

9. *Ibid.*

10. *Ibid.*

11. Cécile Chambraud, « Abus sexuels dans l'Église catholique », *Le Monde*, 5 octobre 2021, https://www.lemonde.fr/societe/article/2021/10/05/pedocriminalite-un-etat-des-lieux-devastateur-pour-l-eglise-catholique_6097197_3224.html

12. Caroline Ibos, « “Le système de la gymnastique de haut niveau a dressé, tordu, exploité, violé, menacé des centaines d'adolescentes” », *Le Monde*, 3 août 2021, https://www.lemonde.fr/idees/article/2021/08/03/le-systeme-de-la-gymnastique-de-haut-niveau-a-dresse-tordu-exploite-viole-menace-des-centaines-d-adolescentes_6090403_3232.html

13. *Ibid.*

14. https://www.ncbi.nlm.nih.gov/pmc/articles/PMC6220625/

15. CDC, « Preventing Adverse Childhood Experiences », https://www.cdc.gov/violenceprevention/aces/fastfact.html?CDC_AA_refVal=https%3A%2F%2Fwww.cdc.gov%2Fviolenceprevention%2Facestudy%2Ffastfact.html

16. « La protection des mineurs, une justice d'exception avec Édouard Durand », *L'Invité des matins*, France Culture, 19 janvier 2021, https://www.franceculture.fr/emissions/linvitee-des-matins/la-protection-des-mineurs-une-justice-dexception

17. Brut, « Thierry Beccaro raconte les violences que son père lui a fait subir », YouTube, 8 mai 2019, https://www.youtube.com/watch?v=dJRpIqvIZhg

PARTIE II
ET SI NOUS PRENIONS CONSCIENCE DE NOTRE INTERDÉPENDANCE

LA DISTANCIATION SOCIALE N'AURA PAS LIEU

1. Et si nous prenions conscience

1. Sherry Turkle, *Seuls ensemble. De plus en plus de technologies, de moins en moins de relations humaines*, Éditions L'Échappée, 2015.

2. « Les machines hackent nos cœurs », propos recueillis par Marc-Olivier Bherer, *Le Monde*, 10 mars 2015, https://www.lemonde.fr/livres/article/2015/03/12/les-machines-hackent-nos-c-urs_4591867_3260.html

3. « Facebook mis en cause par un nouveau lanceur d'alerte », *Le Monde*, 23 octobre 2021, https://www.lemonde.fr/pixels/article/2021/10/23/facebook-mis-en-cause-par-un-nouveau-lanceur-d-alerte_6099610_4408996.html

4. Santé publique France, « CoviPrev : une enquête pour suivre l'évolution des comportements et de la santé mentale pendant l'épidémie de COVID-19 », https://www.santepubliquefrance.fr/etudes-et-enquetes/coviprev-une-enquete-pour-suivre-l-evolution-des-comportements-et-de-la-sante-mentale-pendant-l-epidemie-de-covid-19

5. Collaborative Outcomes Study on Health and Functioning During Infection Times, https://www.coh-fit.com/?lang=fr

6. Sandrine Cabut, « Dépression, troubles du sommeil, anxiété… Les inquiétants effets psychiques de la pandémie et du confinement », *Le Monde*, 26 novembre 2020, https://www.lemonde.fr/planete/article/2020/11/26/anxiete-depression-stress-post-traumatique-la-pandemie-de-covid-19-a-un-fort-impact-sur-la-sante-mentale_6061148_3244.html

7. Institut Montaigne, « Prévention des maladies psychiatriques : Pour en finir avec le retard français », octobre 2014, résumé, https://www.institutmontaigne.org/ressources/pdfs/orderfile/resume_sante_mentale_institut_montaigne.pdf

8. Isabelle Fortin, « L'expérience du Rat Park : mieux comprendre l'addiction », Portage, 16 octobre 2017, https://portage.ca/fr/blogue/mieux-comprendre-laddiction/#_ftn1

9. Johann Hari, *Lost Connections : Uncovering the Real Causes of Depression – and the Unexpected Solutions*, Bloomsbury USA, 2018.

10. Jacques Lecomte, *Donner un sens à sa vie*, Odile Jacob, 2007.

11. Lucie Caux, « Découvrir notre mission de vie, ce pour quoi nous sommes faits », *Psychologies*, 10 août 2020, https://www.psychologies.com/Moi/Se-connaitre/Personnalite/Articles-et-Dossiers/Decouvrir-notre-mission-de-vie-ce-pour-quoi-nous-sommes-faits

12. Jean-Pierre Brun, « Baromètre T4 Empreinte Humaine (1/4) – Infographie sur l'état psychologique, risques psychosociaux & épuisement des salariés français », *Empreinte humaine*, 4 décembre 2020, https://empreintehumaine.com/barometre-t4-empreinte-humaine-1-3-infographie-sur-letat-psychologique-risques-psychosociaux-epuisement-des-salaries-francais/

13. François Desnoyers, « Les entreprises confrontées à leurs salariés démotivés », *Le Monde*, 10 février 2021, https://www.lemonde.fr/emploi/article/2021/02/10/les-entreprises-confrontees-au-defi-de-la-remotivation-des-salaries_6069414_1698637.html

14. Julia Zimmerlich, « Patrice Flichy : "La question du sens au travail s'est toujours posée" », *Le Monde*, 7 mai 2019, https://www.lemonde.fr/emploi/article/2019/05/07/patrice-flichy-la-question-du-sens-au-travail-s-est-toujours-posee_5459393_1698637.html

15. « Dites à l'avenir que nous arrivons. Trouver son *ikigaï* avec François Taddei, pédagogue », 6 mai 2021, https://shows.acast.com/dites-a-lavenir-que-nous-arrivons/episodes/trouver-son-ikigai-avec-francois-taddei-pedagogue

16. Yuval Noah Harari, *Sapiens. Une brève histoire de l'humanité*, Albin Michel, 2015.

17. TED, David Christian, 2011, https://www.ted.com/speakers/david_christian?language=fr

18. Philippe Frasseto, « De la terre à la Terre », YouTube, 8 juin 2019, https://youtu.be/rtY-jBXPmvY

19. Jared Diamond, *De l'inégalité parmi les sociétés*, Gallimard, 2000.

20. John Stewart, « The Evolutionary Manifesto. Our Role in the Future Evolution of Life », http://www.evolutionarymanifesto.com/

2. Et si nous étions une grande famille

1. Richard Dawkins, *Il était une fois nos ancêtres*, Robert Laffont, 2007.

2. « Richard Dawkins : “Le Dieu de la Bible, le personnage de fiction le plus déplaisant” », propos recueillis par Delphine Saubaber et Jacqueline Jencquel, *L'Express*, 5 mai 2014, https://www.lexpress.fr/actualite/sciences/richard-dawkins-le-dieu-de-la-bible-le-personnage-de-fiction-le-plus-deplaisant_1534611.html

3. « Musulmans, juifs, chrétiens : tous frères ? », propos recueillis par Jean-Pierre Rosa, *La Croix*, 12 janvier 2015, https://croire.la-croix.com/Definitions/Lexique/Fraternite/Tous-freres

4. Edgar Morin, *Terre-Patrie*, Seuil, 1993.

5. David Graeber, *Dette. 5 000 ans d'histoire*, Les liens qui libèrent, 2013.

6. Rutger Bregman, *Humanité. Une histoire optimiste*, Seuil, 2020.

7. Frédéric Joignot, « “Les humains sont bons par nature.” La conviction rousseauiste d'un jeune historien “utopiste réaliste” refusant “la banalité du mal” », *Le Monde / Journalisme pensif* (blog), 18 avril 2021, https://www.lemonde.fr/blog/fredericjoignot/2021/04/18/les-humains-sont-bons-par-nature-la-conviction-rousseauiste-dune-jeune-philosophe-entretien/

8. « Rutger Bregman. Et si nous étions fondamentalement bons ? », propos recueillis par Dominik Erhard, *Philosophie Magazine*, 22 septembre 2020, https://www.philomag.com/articles/rutger-bregman-et-si-nous-etions-fondamentalement-bons

9. Joël Chevrier, « Sur Terre, la masse de l'artificiel égale désormais la masse du vivant », *The Conversation*, 26 janvier 2021, https://theconversation.com/sur-terre-la-masse-de-lartificiel-egale-desormais-la-masse-du-vivant-153352

10. Emily Elhacham *et al.*, « Global Human-Made Mass Exceeds All Living Biomass », *Nature*, n° 588, 2020, p. 442-444, https://www.nature.com/articles/s41586-020-3010-5

11. Joël Chevrier, « Sur Terre, la masse de l'artificiel égale désormais la masse du vivant », *op. cit.*

12. Oxfam, « Le virus des inégalités », janvier 2021, https://www.oxfamfrance.org/wp-content/uploads/2021/01/Rapport_Oxfam_Davos_inegalites_2021.pdf

13. Voir le site de The Giving Pledge, « A Commitment To Philanthropy », https://givingpledge.org/Home.aspx

3. Et si nous prenions quarante secondes pour changer une vie

1. Stephen Trzeciak et Anthony Mazzarelli, *Compassionomics : The Revolutionary Scientific Evidence That Caring Makes a Difference*, Studer Group, 2019.
2. « Can 40 Seconds of Compassion Make a Difference in Health Care ? », *Knowledge*, Wharton – université de Pennsylvanie, 6 août 2018, https://knowledge.wharton.upenn.edu/article/the-compassion-crisis-one-doctors-crusade-for-caring/
3. Camille Stromboni, « Dans les hôpitaux, un “cercle vicieux de la désaffection” après la sortie de la crise sanitaire », *Le Monde*, 12 octobre 2021, https://www.lemonde.fr/planete/article/2021/10/12/a-l-hopital-un-climat-morose-malgre-la-sortie-de-la-crise-sanitaire_6097991_3244.html
4. Ève Fabre, « Hôpitaux publics : Comment la réduction des budgets augmente à la fois les coûts et les risques », *The Conversation*, 16 août 2020, https://theconversation.com/hopitaux-publics-comment-la-reduction-des-budgets-augmente-a-la-fois-les-couts-et-les-risques-142589
5. *Ibid.*
6. *Ibid.*
7. « Notre organisation ne compte pas de managers ou de dirigeants », *Trends*, 28 février 2019, https://trends.levif.be/economie/trends-information-services/notre-organisation-ne-compte-pas-de-managers-ou-de-dirigeants/article-publishingpartner-1099307.html?cookie_check=1614009786
8. Frédéric Laloux, *Reinventing Organizations. Vers des communautés de travail inspirées*, Diateino, 2015.
9. Rutger Bregman, *Utopies réalistes*, Seuil, 2017.
10. TED, « Karen Armstrong formule son souhait TED Prize : la charte pour la Compassion », 2019, https://www.ted.com/talks/karen_armstrong_my_wish_the_charter_for_compassion?language=fr#t-624354
11. « La charte de la Compassion », https://charterforcompassion.org/french

12. Matthieu Ricard, *Plaidoyer pour l'altruisme. La force de la bienveillance*, NiL Éditions, 2013.

13. « Matthieu Ricard : “La méditation modifie certaines zones du cerveau” », propos recueillis par Florence Evin, *Le Monde*, 10 octobre 2013, https://www.lemonde.fr/culture/article/2013/10/10/matthieu-ricard-la-meditation-modifie-certaines-zones-du-cerveau_3493620_3246.html

14. Cloé Brami et Angela Biancofiore, « Le dehors au-dedans : Méditation de pleine conscience et souffle à l'ère du Covid-19 », *The Conversation*, 28 mars 2020, https://theconversation.com/le-dehors-au-dedans-meditation-de-pleine-conscience-et-souffle-a-lere-du-covid-19-134605

15. Marie-Louise Lamau, « Origine et inspiration. Cicely Saunders à la naissance des soins palliatifs », *Revue d'éthique et de théologie morale*, vol. 282, n° 5, 2014, p. 55-81.

16. *Ibid.*

17. *Ibid.*

18. « It's not about dying – Gian Domenico Borasio – TEDxCHUV », YouTube, https://www.youtube.com/watch?v=x5WYNf1td-4

4. Et si nous étions « bons » les uns envers les autres ?

1. Esther Herrmann, Josep Call, María Victoria Hernàndez-Lloreda, Brian Hare et Michael Tomasello.

2. Esther Herrmann *et al.*, « Humans Have Evolved Specialized Skills of Social Cognition : The Cultural Intelligence Hypothesis », *Science*, vol. 317, n° 5843, 2007, p. 1360-1366, https://www.science.org/doi/10.1126/science.1146282

3. Christophe Lagane, « Des riverains réclament le démontage d'antennes relais… inactives », *Silicon*, 21 avril 2009, https://www.silicon.fr/des-riverains-reclament-le-demontage-dantennes-relais-inactives-35129.html

4. « Comment la Norvège transforme les criminels en bons voisins », BBC News, 17 juillet 2019, https://www.bbc.com/afrique/monde-49007218

5. Alice Miller, *C'est pour ton bien. Racines de la violence dans l'éducation de l'enfant*, Aubier, 1985.

6. TED, Christian Picciolini, « Ma descente dans le mouvement néo-nazi américain et comment j'en suis sorti », https://www.ted.com/talks/christian_picciolini_my_descent_into_america_s_neo_nazi_movement_and_how_i_got_out?language=fr

7. Christian Picciolini, *Breaking Hate : Confronting the New Culture of Extremism*, Hachette Books, 2020.

8. Yann Algan et Pierre Cahuc, *La Société de défiance. Comment le modèle social français s'autodétruit*, Rue d'Ulm, 2007.

9. Loïc Nicolas, « Les théories du complot à la lumière de leur rhétorique », *The Conversation*, 17 mai 2017, https://theconversation.com/les-theories-du-complot-a-la-lumiere-de-leur-rhetorique-77811

10. William Audureau, « "Je faisais partie des esprits supérieurs" : Pourquoi le complotisme séduit autant », *Le Monde*, 18 janvier 2021, https://www.lemonde.fr/les-decodeurs/article/2021/01/18/je-faisais-partie-des-esprits-superieurs-pourquoi-le-complotisme-seduit-autant_6066685_4355770.html

11. « Johann Chapoutot : déclinisme et complotisme marchent "lorsqu'il y a de grands traumatismes sociaux" », France Inter, 29 septembre 2021, https://www.franceinter.fr/emissions/l-invite-de-7h50/l-invite-de-7h50-du-mercredi-29-septembre-2021

12. « Yuval Noah Harari & Rutger Bregman : YES Online Conversations », YouTube, 16 février 2021, https://www.youtube.com/watch?v=xp9h3rdUVgI

PARTIE III ET SI NOUS ÉTIONS CAPABLES DE RÉUSSIR ENSEMBLE CE QUE NOUS NE POURRIONS FAIRE SEULS

PENSER FRACTAL, AGIR VIRAL

1. Et si nous transformions la bêtise collective en intelligence collective

1. Serge July, *Dictionnaire amoureux du journalisme*, Plon, 2015.

2. OMS, « Selon la Commission réunissant l'OMS, l'Unicef et *The Lancet*, le monde ne parvient à offrir aux enfants ni une bonne santé ni un climat propice à leur avenir », 19 février 2020, https://www.who.int/fr/news/item/19-02-2020-world-failing-to-provide-children-with-a-healthy-life-and-a-climate-fit-for-their-future-who-unicef-lancet

3. Gérald Bronner, *Apocalypse cognitive*, PUF, 2021.

4. Parwana Emamzadah, « Gérald Bronner : "Je redoute un affaissement civilisationnel" », *Le Temps*, 8 janvier 2021, https://www.letemps.ch/culture/gerald-bronner-redoute-un-affaissement-civilisationnel

5. Alexandre Piquard et Damien Leloup, « Comment l'algorithme de Facebook échappe au contrôle de ses créateurs », *Le Monde*, 26 octobre 2021, https://www.lemonde.fr/pixels/article/2021/10/26/comment-l-algorithme-de-facebook-echappe-au-controle-de-ses-createurs_6099888_4408996.html

6. Rory Cellan-Jones, « Stephen Hawking Warns Artificial Intelligence Could End Mankind », BBC News, 2 décembre 2014, https://www.bbc.com/news/technology-30290540

7. Future of Life Institute, « Research Priorities for Robust and Beneficial Artificial Intelligence », https://futureoflife.org/ai-open-letter

8. Nicolas Six, « Wikipédia fête les 20 ans d'une belle et exigeante utopie », *Le Monde*, 14 janvier 2021, https://www.lemonde.fr/pixels/article/2021/01/14/wikipedia-fete-les-20-ans-d-une-belle-et-exigeante-utopie_6066271_4408996.html

9. https://en.wikiquote.org/wiki/Johann_Wolfgang_von_Goethe#Misattributed

10. Régine Poussin, « Vérifiez les sources pour savoir qui ment sur le Net », Blue Soos – Explique-moi le numérique, 20 juillet 2016, https://www.bluesoos.fr/veritfier-sources-net/

11. Omer Benjakob, « The Fake Nazi Death Camp : Wikipedia's Longest Hoax, Exposed », *Haaretz*, 4 octobre 2019, https://www.haaretz.com/israel-news/.premium.MAGAZINE-the-fake-nazi-death-camp-wikipedia-s-longest-hoax-exposed-1.7942233

12. Naomi Oreskes et Erik M. Conway, *Les Marchands de doute*, Le Pommier, 2012.

13. Jamie Roberts, *Murdoch, le grand manipulateur des média*s, 3 x 52 minutes, 72 Films, 2020.

14. Julia Cagé, *Sauver les médias. Capitalisme, financement participatif et démocratie*, Seuil, 2015.

15. Nicolas Six, « Wikipédia fête les 20 ans d'une belle et exigeante utopie », *op. cit.*

2. Et si nous apprenions les uns des autres

1. Edgar Morin, *Les Sept Savoirs nécessaires à l'éducation du futur*, Unesco, 1999.
2. *Ibid.*
3. Charles Eames et Ray Eames, *Powers of Ten*, YouTube, 1977, https://www.youtube.com/watch?v=0fKBhvDjuy0
4. Louis d'Hendecourt, « "Avec sa faible gravité, Mars est incapable de retenir une atmosphère et personne, ni M. Musk ni le pape n'y pourra rien changer" », *Le Monde*, 8 août 2021, https://www.lemonde.fr/idees/article/2021/08/08/elon-musk-don-quichotte-d-un-nihilisme-planetaire-adule-par-l-ignorance-d-une-societe-en-totale-deconnexion-avec-la-realite-scientifique_6090885_3232.html
5. Assemblée nationale, « Marie-Jean-Antoine-Nicolas Caritat, marquis de Condorcet », https://www.assemblee-nationale.fr/histoire/7ed.asp
6. Michael Sandel, *La Tyrannie du mérite : Qu'avons-nous fait du bien commun*, Albin Michel, 2021. « Nous vivons une époque dangereuse pour la démocratie, une époque qui creuse les écarts entre gagnants et perdants. En cause, l'idéal de la méritocratie qui, généralement associé au fonctionnement régulier des institutions démocratiques, à l'autonomie et à la liberté des citoyens et à une certaine forme de justice sociale, apparaît fondamentalement vicié et in fine inégalitaire, conduisant les sociétés occidentales à une véritable tyrannie du mérite. La conséquence est un mélange de colère et de frustration qui a alimenté les protestations populistes et la polarisation extrême – le Brexit au Royaume-Uni, comme l'élection de Donald Trump aux États-Unis, était un verdict sans appel, qui traduit les inquiétudes, les frustrations et l'exaspération suscitées par des décennies d'inégalité croissante, et une mondialisation qui ne profite qu'aux élites tout en donnant aux citoyens ordinaires le sentiment d'être démunis. »

7. Maxime Derex *et al.*, « Experimental Evidence for the Influence of Group Size on Cultural Complexity », *Nature*, n° 503, 2013, p. 389-391, https://doi.org/10.1038/nature12774

3. Et si nous inventions une citoyenneté fractale

1. EUR-Lex, « Charte des droits fondamentaux », https://eur-lex.europa.eu/legal-content/FR/TXT/?uri=legissum%3Al33501

2. Audrey Garric *et al.*, « Que sont devenues les propositions de la Convention pour le climat qu'Emmanuel Macron s'était engagé à reprendre "sans titre" ? », *Le Monde*, 10 février 2021, https://www.lemonde.fr/planete/article/2021/02/10/climat-les-propositions-de-la-convention-citoyenne-ont-elles-ete-reprises-par-le-gouvernement_6069467_3244.html

3. « Climat : "Une assemblée citoyenne mondiale va poursuivre le travail de la convention française" », propos recueillis par Claire Legros, *Le Monde*, 11 mars 2021, https://www.lemonde.fr/idees/article/2021/03/11/climat-une-assemblee-citoyenne-mondiale-va-poursuivre-le-travail-de-la-convention-francaise_6072716_3232.html

4. http://allourideas.org/

5. https://pol.is/home

6. TED, Audrey Tang, « How Digital Innovation Can Fight Pandemics and Strengthen Democracy », juin 2020, https://www.ted.com/talks/audrey_tang_how_digital_innovation_can_fight_pandemics_and_strengthen_democracy

7. « Quel budget participatif pour le mandat municipal 2020-26 ? », 3 mars 2020, https://lesbudgetsparticipatifs.fr/quel-budget-participatif-pour-le-mandat-2020-26/

8. Wendy Noel, « L'environnement au cœur des projets lauréats des budgets participatifs des villes », *Le Monde*, 27 février 2020, https://www.lemonde.fr/planete/article/2020/02/27/l-environnement-au-c-ur-des-projets-laureats-des-budgets-participatifs-des-villes_6031054_3244.html

9. Demos Helsinki, « Humble Government », https://demoshelsinki.fi/julkaisut/the-more-complex-and-uncertain-a-policy-issue-is-the-more-useful-it-is-to-approach-it-through-humility/

10. Brice Pedroletti, « “L’alliance du thé au lait”, ou la solidarité des jeunesses de HongKong, de Thaïlande ou de Birmanie contre l’autoritarisme », *Le Monde*, 16 mars 2021, https://www.lemonde.fr/international/article/2021/03/16/l-alliance-des-thes-au-lait-ou-la-solidarite-des-jeunesses-asiatiques-contre-l-autoritarisme_6073256_3210.html

11. *Ibid.*

4. Et si nous donnions aux jeunes le droit de demander de nouveaux droits

1. https://www.labelleharangue.com/

2. Tom Chevalier et Patricia Loncle, *Une jeunesse sacrifiée ?*, PUF, 2021.

3. « “La défiance des jeunes envers les institutions est réelle” », propos recueillis par Séverin Graveleau, *Le Monde*, 5 septembre 2021, https://www.lemonde.fr/campus/article/2021/09/05/la-defiance-des-jeunes-envers-les-institutions-est-reelle_6093476_4401467.html

4. Alison Gopnik, *Le Bébé philosophe*, Le Pommier, 2010.

5. « Entretien avec Alison Gopnik : “Les petits ne sont pas des adultes imparfaits” », propos recueillis par Jean-François Dortier, *Sciences humaines*, n° 219, octobre 2010, https://www.scienceshumaines.com/entretien-avec-alison-gopnik-les-petits-ne-sont-pas-des-adultes-imparfaits_fr_26040.html

6. Bernard Defrance, *Sanctions et discipline à l’école* (1993), La Découverte, 2009.

7. « 2013-09-03, Les sept violences DE l’école », http://bernard-defrance.net/spip.php?article49

8. Convention internationale des droits de l’enfant, Unicef, https://www.unicef.fr/sites/default/files/convention-des-droits-de-lenfant.pdf

9. Cette citation et les suivantes : Bernard Defrance, *Sanctions et discipline à l’école*, *op. cit.*

10. Charte parisienne des droits de l’enfant, 20 novembre 2020, https://cdn.paris.fr/paris/2020/11/19/5033a28b32200114059447428edcb6e8.pdf

11. Cécile GB, « Le projet ambassadeur – bâtisseurs de possibles 2020/21, "Et si on se déplaçait autrement ?" », 6 juillet 2021, https://reseau.batisseursdepossibles.org/les-resultats-sont-en-ligne/

12. École Fondary, « Cendrier de poche », https://qrty. mobi/preview/XK8Mmf

13. Claire Ané, « Six idées reçues sur les jeunes et la politique », *Le Monde*, 18 décembre 2014, https://www.lemonde.fr/campus/article/2014/12/18/sept-idees-recues-sur-les-jeunes-et-la-politique_4541708_4401467.html

14. Nicolás Brando, « Why Should Children Have the Right to Vote ? », *Justice Everywhere*, 15 avril 2019, http://justice-everywhere.org/democracy/why-should-children-have-the-right-to-vote/

15. *Ibid.*

16. Elsa Grangier, *Rêver grand*, Seuil, 2020.

5. Et si nous construisions nos propres panthéons et inventions de nouveaux rituels

1. https://www.leprojetimagine.com/les-films

2. Philippe Bernard, « Décès de Nicholas Winton, le "Schindler" britannique », *Le Monde*, 3 juillet 2015, https://www.lemonde.fr/disparitions/article/2015/07/04/deces-de-nicholas-winton-le-schindler-britannique_4670182_3382.html

3. *Ibid.*

4. Nations unies, « Trêve olympique : le Secrétaire général appelle à faire taire les armes pendant les Jeux de Tokyo et à s'engager en faveur de la paix et du relèvement durable », 15 juillet 2021, https://www.un.org/press/fr/2021/sgsm20826.doc.htm

5. Benoît Sarazin *et al.*, *Les Communautés d'innovation*, Éditions EMS, 2017, https://www.google.fr/books/edition/Les_communaut%C3%A9s_d_innovation/Pz0oDwAAQBAJ?hl=fr&gbpv=1&dq=middle+ground+organisations+HEC+montreal&printsec = frontcover

6. https://www.learning-planet.org/fr/about#

Conclusion Et si nous écrivions des « Et si nous »

1. TED, Derek Sivers, « Comment démarrer un mouvement ? », 2010, https://www.ted.com/talks/derek_sivers_how_to_start_a_movement?language=fr

2. Audrey Garric, « Les trois quarts des 16-25 ans dans dix pays, du Nord comme du Sud, jugent le futur “effrayant” », *Le Monde*, 14 septembre 2021, https://www.lemonde.fr/climat/article/2021/09/14/climat-les-trois-quarts-des-jeunes-jugent-le-futur-effrayant_6094571_1652612.html

3. « “Le changement climatique peut engendrer un stress pré-traumatique, par anticipation de la catastrophe” », propos recueillis par Sandrine Cabut, *Le Monde*, 23 octobre 2021, https://www.lemonde.fr/sciences/article/2021/10/23/antoine-pelissolo-le-changement-climatique-peut-engendrer-un-stress-pre-traumatique-par-anticipation-de-la-catastrophe_6099657_1650684.html

4. Julien Bouissou, « Le grand bond en arrière des pays émergents, forcés de réajuster leur “stratégie d'insertion dans l'économie mondiale” », *Le Monde*, 15 septembre 2021, https://www.lemonde.fr/economie/article/2021/09/15/le-grand-bond-en-arriere-des-pays-emergents_6094697_3234.html

5. David Graeber, *Bullshit Jobs*, Les liens qui libèrent, 2018.

6. Alex Hern, « Netflix's Biggest Competitor ? Sleep », *The Guardian*, 18 avril 2017, https://www.theguardian.com/technology/2017/apr/18/netflix-competitor-sleep-uber-facebook

7. Bruno Patino, *La Civilisation du poisson rouge. Petit traité sur le marché de l'attention*, Grasset, 2019.

8. Catherine Vincent, « Glenn Albrecht, gentleman “fermosophe” », *Le Monde*, 9 mars 2020, https://www.lemonde.fr/idees/article/2020/03/09/glenn-albrecht-gentleman-fermosophe_6032283_3232.html

9. Corine Pelluchon, *Les Lumières à l'âge du vivant*, Seuil, 2021.

10. *Id.*, *Réparons le monde. Humains, animaux, nature*, Rivages, 2020.

11. « Comment réparer le monde ? » avec Corine Pelluchon, *La Grande Table Idées*, série *Penser l'après*, France Culture,

9 juin 2020, https://www.franceculture.fr/emissions/la-grande-table-idees/penser-lapres-25-comment-reparer-le-monde

12. Anne-Sophie Novel, « Hartmut Rosa : “Plus on économise le temps, plus on a la sensation d'en manquer” », *Le Monde*, 25 mars 2016, https://www.lemonde.fr/m-perso/article/2016/04/01/hartmut-rosa-plus-on-economise-le-temps-plus-on-a-la-sensation-d-en-manquer_4893818_4497916.html

13. https://www.rebootthefuture.org/our-story

14. https://www.soscience.org/social-scipreneurs

Et si nous savions exprimer notre gratitude et créer une communauté (autrement dit : « Remerciements et invitation »)

1. Marie-Cécile Naves, *La Démocratie féministe. Réinventer le pouvoir*, Calmann-Lévy, 2020.

Table des matières

PARTIE II
ET SI NOUS PRENIONS CONSCIENCE DE NOTRE INTERDÉPENDANCE

La distanciation sociale n'aura pas lieu

PARTIE III
ET SI NOUS ÉTIONS CAPABLES DE RÉUSSIR ENSEMBLE CE QUE NOUS NE POURRIONS FAIRE SEULS

Penser fractal, agir viral

Photocomposition PCA

Achevé d'imprimer en décembre 2021
par l'imprimerie Brodard et Taupin
72200 La Flèche
pour le compte des éditions Calmann-Lévy
21, rue du Montparnasse 75006 Paris

CALMANN LEVY s'engage pour l'environnement en réduisant l'empreinte carbone de ses livres. Celle de cet exemplaire est de :
450 g éq. CO_2
Rendez-vous sur www.calmann-levy-durable.fr

PAPIER À BASE DE FIBRES CERTIFIÉES

N° d'éditeur : 5985875/01
N° d'imprimeur : 3046775
Dépôt légal : janvier 2022
Imprimé en France.